2024
치과건강보험

| 치과보험청구 이론과 실무 한권으로 끝내기 |

대한보건인재개발원
KOHD

집필진

김정수 (대한보건인재개발원 전임강사)
박현숙 (연세세브란스치과 총괄실장)
손소현 (한양여자대학교 치위생과 겸임교수)
유은미 (대한보건인재개발원 대표)
이혜진 (수원여자대학교 치위생과 겸임교수)
조미도 (광주보건대학교 치위생학과 겸임교수)

2024 치과건강보험

치과보험청구 이론과 실무 한권으로 끝내기

발 행 일　2024년 02월 20일 개정3판 발행
　　　　　2023년 02월 20일 개 정 판 발행
　　　　　2022년 02월 11일 초　판 발행

저　　자　김정수 · 박현숙 · 손소현 · 유은미 · 이혜진 · 조미도
발 행 처　대한보건인재개발원
　　　　　(04796) 서울시 성동구 아차산로 11길 11, 406호
출판등록　제 2021-000163호
전　　화　070-7805-5990
팩　　스　0505-838-2358
전자우편　dmplus0310@naver.com
홈페이지　http://www.passup.co.kr

가격　30,000원
ISBN　979-11-977604-2-6

CONTENTS

• 청구 이론 •

• 청구 실무 •

Chapter 4.
진료기록부 Reading 및 명세서 작성 연습

Chapter 5.
치과건강보험 청구 사무관리

부록

Chapter

1

치과건강보험의 개요

1. 우리나라 건강보험제도
2. 의료급여
3. 치과건강보험의 중요성
4. 상병명
5. 행위 급여 · 비급여 목록

Chapter 1

치과건강보험의 개요

1. 우리나라 건강보험제도

1) 국민건강보험

건강보험제도는 질병이나 부상으로 인해 발생한 고액의 진료비로 가계에 과도한 부담이 되는 것을 방지하기 위하여, 국민들이 평소에 보험료를 내고 보험자인 국민건강보험공단이 이를 관리 · 운영하다가 필요시 보험급여를 제공함으로써 국민 상호간 위험을 분담하고 필요한 의료서비스를 받을 수 있도록 하는 사회보장제도

2) 우리나라 건강보험제도의 특성

- 우리나라 건강보험제도는 1989년에 전 국민의료보험 시대가 시작되었고, 2003년에 지역가입자와 직장가입자의 재정이 통합됨으로써 기존의 조합주의 방식으로 운영되던 의료보험이 통합주의 방식으로 변경
- 법률에 의하여 가입이 강제 적용
- 소득수준 등 부담능력에 따른 보험료의 차등부담
- 1년 단위의 회계 연도를 기준으로 수입과 지출을 예정하여 보험료 계산하는 단기보험
- 전 국민을 당연 적용 대상으로 하여 사회적 연대 강화
- 보험급여의 균등한 수혜
- 의료 남용 막고 보험재정 보호를 위해 비용의 일부 본인부담제도 도입

3) 우리나라 건강보험제도 주요 내용

- 진료비 지불제도 : 행위별 수가제(주된 보수지불방식), 일부 포괄수가제

행위별 수가제	진료에 소요되는 약제 또는 재료비를 별도로 산정하고, 의료인이 제공한 진료 행위 하나하나마다 일정한 값을 정하여 의료비를 지급하는 제도
포괄수가제	환자가 어떤 질병의 진료를 위하여 입원했는지에 따라 질병군(또는 환자군)별로 미리 책정된 일정액의 진료비를 지급하는 제도

– 상대가치점수제도 실시(2001년 1월 도입)

건강보험 진료수가	=	상대가치점수 변동 가능 ↓	×	환산지수 (점수당 단가) 계약 체결에 의해 매년 변동 가능

연도별 점수당 단가 (환산지수) (단위 : 원)

유형분류	···	2018.1.1	2019.1.1	2020.1.1	2021.1.1	2022.1.1	2023.1.1	2024.1.1
치과의원, 치과병원	···	83.1	84.8	87.4	88.7	90.7	93	96

※ 2024년 현재 치과의원 및 치과병원의 환산지수 : 96 원

4) 국민건강보험 관련 기구 및 운영체계

보건복지부	건강보험에 필요한 제도와 정책 결정
국민건강보험공단	그 정책을 집행하는 기관

→ 대상자의 자격을 관리하고 보험료를 거두어들이며 진료비를 병·의원에 지급하고 잘못 지급된 부분에 대해서는 환수 조치 .
또한 대상자들에게 건강검진 실시, 건강정보를 제공하는 등 질병예방 및 관리를 위한 다양한 가입자지원사업 시행

건강보험심사평가원	요양의료기관이 청구한 진료비가 적정한지를 심사하는 기구
건강보험정책심의위원회	보험료 및 진료수가 결정 기구

[건강보험 관련 기구]

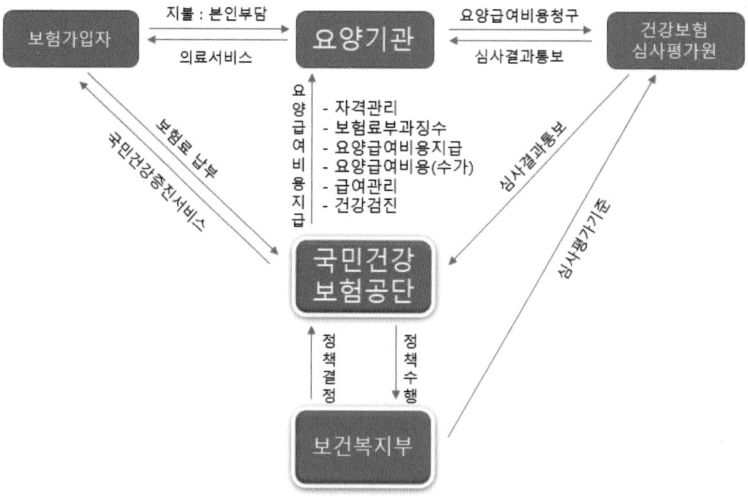
보험가입자
지불 : 본인부담
의료서비스
요양기관
요양급여비용청구
심사결과통보
건강보험
심사평가원
요양급여비용지급
- 자격관리
- 보험료부과징수
- 요양급여비용지급
- 요양급여비용(수가)
- 급여관리
- 건강검진
보험료 납부
국민건강증진서비스
심사결과통보
심사평가기준
국민건강
보험공단
정책결정
정책수행
보건복지부

[건강보험 관리운영체계]

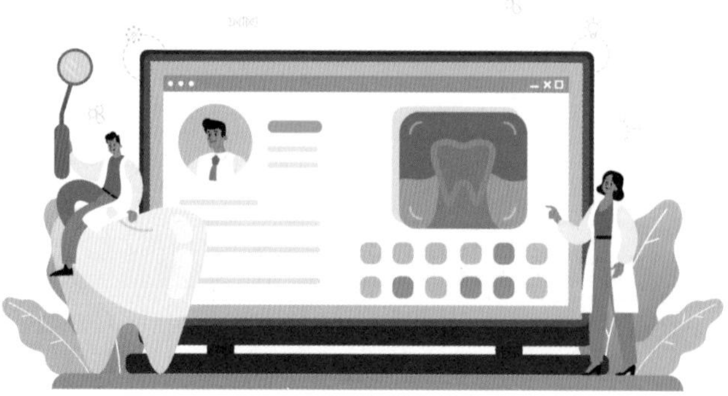

2. 의료급여

1) 의료급여제도의 의의

생활유지능력이 없거나 생활이 어려운 국민들에게 발생하는 의료문제 즉, 개인의 질병, 부상, 출산 등에 대해 의료서비스(진찰 · 검사, 치료 등)를 제공

2) 지원대상

- 국민기초생활보장 수급권자
- 의료급여법에 의한 수급권자
- 기타법에 의한 수급권자

: 이재민, 의상자 및 의사자의 유족, 입양아동(18세미만), 국가유공자, 국가무형문화재 보유자 등

3) 지원유형

의료급여 수급권자는 [의료급여법]제3조 제2항 및 동법 시행령 제3조의 규정에 의하여 1종 수급권자와 2종 수급권자로 구분

1종	2종
– 국민기초생활보장 수급자 근로 무능력 가구 141개 희귀난치성질환자가 속한 가구 시설 수급자 – 행려환자 – 타법 적용자 이재민, 입양아동(18세미만), 노숙인	국민기초생활보장 수급권자 중 의료급여 1종 수급권자에 해당되지 않는 자
타법에 의한 의료수급권자 중 의상자 및 의사자의 유족, 국가유공자, 국가무형문화재 보유자, 북한 이탈주민, 5 · 18민주화운동 관련자는 수급권자의 나이, 장애 여부, 근로능력 유무 등 종합적 고려하여 1종 또는 2종으로 구분 (2023.01.01. 개정 시행)	

4) 차상위계층

연간 총소득이 최저생계비의 1~1.2배의 소득이 있는 [잠재빈곤층]과 소득은 최저생계비 하지만 소유 재산이나 자신을 부양할 만한 연령대의 부양 의무자가 있어 기초생활보장 대상자에서 제외된 [비수급 빈곤층]을 합쳐 이르는 말.

5) 의료급여 절차(「의료급여법 시행규칙」제3조)

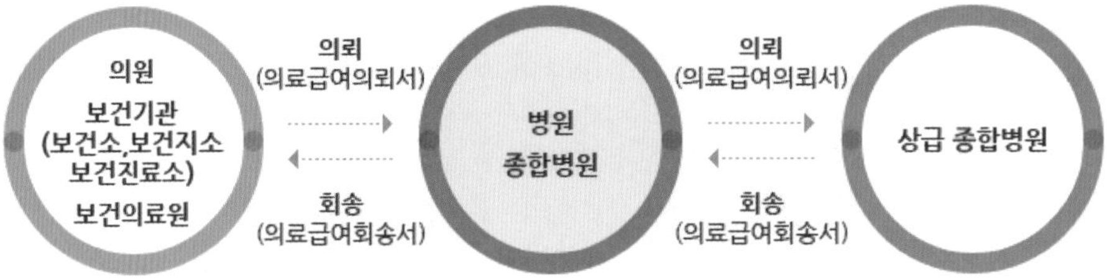

– 의료급여 절차에 의하지 않고(의료급여의뢰서 없이) 의료급여기관을 이용한 경우 소요비용은 전액 본인부담 (「의료급여법 시행규칙」제19조 및 별표1의 2)

3. 치과건강보험의 중요성

1) 치과계의 변화

- 건강보험 보장성 확대
- 안정적 치과 경영 추구
- 요양기관 건강보험 청구액 증가
- 보험청구능력 갖춘 치과위생사 요구도 증가
- 건강보험 요양기관 현지조사 확대 및 강화

2) 치과보험청구사의 업무 및 역할

- 환자 진료 후 보험진료에 대한 정확한 진료비 계산과 법정 본인일부부담금 징수
- 진료비명세서(요양급여비용명세서)를 작성하여 건강보험심사평가원에 심사 청구
- 청구 후 심사결과 통보에 대한 분석
- 심사조정 및 지급불능 발생 시 그 원인에 대한 대책 및 사후관리를 통하여 재발 방지
- 보험진료에 대한 자율시정통보와 현지조사(실사)에 대처

환자의 구강건강 최우선
요양급여 산정기준 준수
정확한 진료 기록에 따른
과잉청구하지 않는 올바른 청구

➡ **치과건강보험 요양급여 산정기준 숙지 필요**

참고) 의무기록의 중요 (의료법 시행규칙 22조의 1항)

구 분	기 재 사 항
진 료 기록부	가. 진료를 받은 사람의 주소, 성명, 연락처, 주민등록번호 등 인적사항 나. 주된 증상(필요하다면 가족력, 병력 등) 다. 진단결과 또는 진단명 라. 진료경과 마. 치료내용 (주사, 투약, 처치 등) 바. 진료일시(日時) 사. 의사 서명

* 진료기록부 예시

환 자 명	○ ○ ○	주민등록번호	000000 – 0000000
주 소	~~경기도 파주시 가온로 256~~	연락처	000–0000–0000

일자	부위	진료내역
24.03.07 (10:00)		C.C : 칫솔질할 때마다 피가 나고 잇몸이 자주 부어요.
	7 – | – 7 7 – | – 7	Panorama taking (Digital) Dx. K05.30 만성치주염 전반적으로 Calculus 많음 & Bleeding (++) 전체적 치주치료 및 치주수술 필요함 # 37 : C3 => 근관치료 필요 # 26 : Old AF => Second Caries로 제거 필요
	7 – | – 7 7 – | – 7	Dx. K05.30 Tx. 치석제거(가) × 6 Next) # 14–17 치주소파술 예정 (의사 서명)

4. 상병명

1) 상병명 및 상병코드의 중요성

치과건강보험을 청구하기 위해서는 어떠한 질병을 어떠한 치료로 시술하였다는 진료기록이 필요, 반드시 청구하는 진료행위에 알맞은 상병명을 입력해야 함.

2) 한국표준질병사인 분류기호(치과용)

- 보건 관련 통계작성 등의 목적으로 분류
- 우리나라 다빈도 질병에 대한 세분화 분류
- 주요 치과 질병 관련 코드 : 구강, 침샘 및 턱의 질환(K00-K14)

K00	치아의 발육 및 맹출 장애	K09	달리 분류되지 않은 구강영역의 낭
K01	매몰치 및 매복치	K10	턱의 기타 질환
K02	치아우식	K11	침샘의 질환
K03	치아경조직의 기타 질환	K12	구내염 및 관련 병변
K04	치수 및 근단주위조직의 질환	K13	입술 및 구강점막의 기타 질환
K05	치은염 및 치주질환	K14	혀의 질환
K06	잇몸 및 무치성 치조융기의 기타장애	S02	두개골 및 안면골의 골절
K07	치아얼굴이상(부정교합 포함)	Z29	기타 예방적 조치의 필요
K08	치아 및 지지구조의 기타 장애	Q38	혀, 입 및 인두의 기타 선천기형

- 한국표준질병사인분류는 대,중,소,세,세세,세세세분류의 6단 분류체계로 이루어짐
  (단, 치과는 5단까지만 분류)
- 기타상병 : 질환에 대해 정확한 분류가 확인되지 않을 경우 사용한다.
- 상세불명 : 상병명 분류가 정확하지 않고, 질환 또는 정확하지 않을 때 사용한다.
- 완전코드를 사용한다.

[예시] - K01.173

분류체계	K01.173 (하악제3대구치의 매복)	세부 의미
대분류(영문대문자)	K(소화기계통 상병)	구강, 침샘 및 턱의 질환
중분류(2자리 숫자)	01	매몰치 및 매복치
소분류(1자리 숫자)	1	매복치
세분류(1자리 숫자)	7	하악대구치의 매복
세세분류(1자리 숫자)	3	하악제3대구치의 매복

5. 행위 급여 · 비급여 목록

1) 비급여의 이해

- 건강보험 혜택이 적용되지 않아 환자가 전액 부담하는 비용
- 의료기관이 자체적으로 금액을 정하기 때문에 의료기관마다 다를 수 있음.
- 우리나라 건강보험은 negative 방식을 적용하여 비급여 항목으로 정해진 것 외에는 모두 요양급여의 대상임.
- 현재 비급여 진료비용 공개제도 시행 중

  (공개항목) 2021.9.29. 기준 616개 (상세정보 포함 시 935개) 항목 공개

2) 임의 비급여

급여 항목이나 비급여 항목에 없는 것을 임의로 비급여로 책정하여 부과한 경우 불법임.

3) 100/100 (전액 본인 부담)

급여 항목 중 급여 수가 전부(100%)를 환자가 부담하도록 하는 항목

4) 선별급여

행위 · 치료재료 · 약제의 요양급여를 결정함에 있어

- 경제성 또는 치료효과성 등이 불확실하여 그 검증을 위하여 추가적인 근거가 필요한 경우
- 경제성이 낮아도 가입자와 피부양자의 건강회복에 잠재적 이득이 있는 경우
- 제1호 또는 제2호에 준하는 경우로서 요양급여에 대한 사회적 요구가 있거나 국민건강증진의 강화를 위하여 보건복지부장관이 특히 필요하다고 인정하는 경우
- 본인부담 50% / 80% / 90%
- 평가주기 : 선별급여를 실시한 날부터 5년마다 평가할 것

6) 행위 비급여 목록

항 목		내 용
기본진료료	교육 · 상담료	– 치태조절교육 · 대상질환 : K02~, K05~ · 교 육 자 : 치과의사, 치과위생사 · 교육별로 전 과정을 30분 이상 실시 · 교육 프로그램 전 과정을 포함한 비용 1회 산정 · 환자동의서 작성 · 소아환자 등 환자가 독립적으로 교육받기 곤란한 경우 보호자 대상으로 교육한 경우에도 산정 가능
기능검사료	치아검사	– 교합음도검사 – 구취측정 – 치아우식 활성도 검사 – 타액검사 (분비율, 점조도, pH, 완충능검사) – 하악 과두 위치와 운동 검사 및 분석 – 인상채득 및 모형제작 (1악당)
영상진단 및 방사선 치료	방사선 일반 영상 진단료	– 규격화 치근단 사진 공제술

항 목		내 용
치과 처치 · 수술료	치아질환 처치	– 보철물 장착을 위한 전단계로 실시하는 post–core – 접착아말감 수복 – 핀 유지형 수복 – 인레이 및 온레이 간접충전 – 광중합형 복합레진충전(만 12세 이하 영구치 제외) – 광중합형 글래스 아이오노머시멘트 충전
	수술 후 처치, 치주조직의 처치 등	– 구강보호 장치 – 구취의 해석 및 진단, 구취처치 – 금속 교합 안정 장치 – 대구치 직립이동 – 레진수지관 스플린트 – 이갈이장치 – 인공치은 – 치간이개 심미적 폐쇄술(교정력 이용, 복합레진축소술 이용) – 코골이 장치 – 임시수복치관내고정술 – 교합장치 가. 교합안정장치 나. 즉시전방교합장치 다. 연성교합안정장치 라. 전방재위치교합장치 마. 교합장치의 조정, 첨상, 재건
치과 처치 · 수술료	구강외과 수술	– 신속한 교정을 위한 피질골 절단술 – 자가치아 이식술 – 생체조직처리 자가골 이식술 [골형단백(BMP)을 추출] – 치관 노출술(1치당) – 치아외과적 정출술(1치당) (2024.1.1. 신설)
	치주질환 수술	– 치은착색 제거술 – 잇몸 웃음 교정술 – 심미적 치관형성술

「국민건강보험 요양급여의 기준에 관한 규칙」 [별표2] 비급여대상

1. 업무 또는 일상생활에 지장 없는 경우에 실시 또는 사용되는 행위 · 약제 및 치료재료
   · 단순 코골음

2. 신체의 필수 기능개선 목적이 아닌 경우에 실시 또는 사용되는 행위 · 약제 및 치료재료
   · 치과 교정.
   다만, 선천성 기형으로 저하는 저작 기능 및 발음 기능을 개선하기 위한 치과 교정으로서 보건복지부장관이 정하여 고시하는 경우는 제외한다.
   · 저작 또는 발음기능개선의 목적이 아닌 외모개선 목적의 악안면 교정술 및 교정치료

3. 예방 진료로서 질병 · 부상의 진료를 직접목적으로 하지 아니하는 경우에 실시 또는 사용되는 행위 · 약제 및 치료재료
   · 본인의 희망에 의한 건강검진
   (법 제52조의 규정에 의하여 공단이 가입자 등에게 실시하는 건강검진 제외)
   · 구취제거, 치아 착색물질 제거, 치아 교정 및 보철을 위한 치석제거 및 구강보건증진 차원에서 정기적으로 실시하는 치석제거.
   다만 치석제거만으로 치료가 종결되는 전체 치석제거로서 보건복지부장관이 정하여 고시하는 경우는 제외한다.
   · 불소국소도포, 치면열구전색(치아홈메우기) 등 치아우식증 예방을 위한 진료.
   다만, 18세 이하의 치아우식증에 이환되지 않은 순수 건전치아인 제1큰어금니 또는 제2큰어금니에 대한 치면열구전색(치아홈메우기)은 제외한다.
   · 장애인진단서 등 각종 진단서 발급을 목적으로 하는 진료

4. 보험급여 시책상 요양급여로 인정하기 어려운 경우 및 그 밖에 건강보험급여원리에 부합하지 아니하는 비용 · 행위 · 약제 및 치료재료
   · 치과의 보철(보철재료 및 기공료 등을 포함한다) 및 치과 임플란트를 목적으로 실시한 부가수술(골이식 수술 등을 포함한다).
   다만, 보건복지부장관이 정하여 고시하는 만 65세 이상 노인의 틀니 및 치과 임플란트는 제외한다.

Chapter

2

치과건강보험 행위급여 일반 원칙

Chapter 2

치과건강보험 행위급여 일반 원칙

1. 진료비의 구성

총진료비
↓
본인부담금+공단청구금

= 진찰료 + 행위수가 + 약제수가 + 재료수가 + 가산율

1) 진료비의 구성요소

① 진찰료 (기본진료비)

– 외래에서 환자를 진찰한 경우 산정하며 초진 진찰료와 재진 진찰료로 나누어짐

– 진찰료 = 기본진찰료 + 외래관리료 (외래환자 처방료)

[2024년 기준]

구분	치과의원		치과병원	
	상대가치점수	비용	상대가치점수	비용
초진진찰료	166.59	15,990원	179.23	17,210원
재진진찰료	110.46	10,600원	123.09	11,820원

– 초진료 166.59점[치과 의원급 기준] =기본진찰료 152.11점 + 외래관리료 14.48점

② 행위수가

– 각 진료행위의 정해진 수가

예) 발치, 즉일충전처치, 치석제거, 발수 등

③ 약제수가

- 진료행위에 사용된 약제의 수가
- 마취제, 주사제, 급여 가능한 지혈제 등
  예) 리도카인, 써지셀 등

④ 재료수가

- 진료행위에 사용된 치과재료의 수가
  예) Silk, File, Burr 등

⑤ 진료행위 가산율(요양기관 종별가산율)

- 진료행위 전체금액에 대하여 요양기관 종별에 따라 적용하는 가산율

[고시 제2023-187호] 요양기관 종별가산율 조정 (2024.1.1.)

요양기관 종별 구분	국민건강보험	의료급여
치과의원	0 %	0 %
치과병원	5 %	2 %
상급종합병원 제외 종합병원	10 %	5 %
상급 종합병원	15 %	8 %

2) 건강보험수가의 구성

진료수가 = 상대가치점수 × 환산지수

① 상대가치점수 : 요양급여에 소요되는 시간 · 노력 등 업무량, 인력 · 시설 · 장비 등 자원의 양과 요양급여의 위험도를 고려하여 산정한 요양급여의 가치를 상대적으로 비교하여 화폐단위가 아닌 “점수”로 표현한 것.

업무량 (의료서비스)	주 시술자의 전문적인 노력에 대한 보상으로 시간과 강도를 고려
진료비용 (임상인력,의료장비, 치료재료	주 시술자를 제외한 보조의사, 간호사, 의료기사 등 임상 인력의 임금, 진료에 사용되는 시설과 장비 및 치료재료 등을 고려
위험도 (의료분쟁해결비용)	의료사고와 관련된 분쟁 해결 비용을 고려

② 환산지수(원) : 상대가치점수를 기준으로 상대가치점수 당 단가를 정하는 것으로 국민건강보험공단 이사장과 의약계를 대표하는 자와의 계약에 의해 물가상승률과 경제를 고려하여 매년 기준지수 결정

(상대가치점수를 금액으로 환산하기 위한 숫자)

※ 2024년 현재 치과의원 및 치과병원의 환산지수 : 96 원

2. 가산율

1) 공휴일 진료 : 관공서의 공휴일에 내원한 경우

① 가산 항목

– 초 · 재진 진찰료 중 외래관리료를 제외한 기본진찰료 : 30% 가산

– 마취료 : 응급의 경우 50% 가산 (18:00 ~ 익일 09:00)

– 처치 및 수술료 : 응급의 경우 50% 가산 (18:00 ~ 익일 09:00)

2) 야간 진료

① 가산 항목

– 초 · 재진 진찰료 중 외래관리료를 제외한 기본진찰료 : 30% 가산

– 마취료, 처치 및 수술료 : 응급일 경우 50%만 가산

– 공휴일 야간에 내원 시에는 야간 가산만 적용

※ 소아 심야 가산 (6세 미만의 소아)

: 18:00 ~ 20:00 진료 시 진찰료 중 기본진찰료에 30% 가산

: 20:00 ~ 익일 07:00 진료 시 진찰료 중 기본진찰료에 200% 가산

[고시 제2023-188호, 2023.11.1. 시행]

② 적용시간

– 평일 야간 : 18:00 ~ 익일 09:00

– 토요일 야간 : 종일 (의원급), 13시~익일 09시 (병원급)

※ 토요일 전일 가산제[2013년 10월 21일 시행]: 의원급 요양기관 기준으로 진찰료 중 기본진찰료에 30% 가산

3) 의원급 의료기관 수술행위 가산

– 의원급 의료기관은 평일 18:00~익일 9시, 토요일 · 일요일 · 공휴일 외래진료 시 시행되는 수술비(동반 마취 포함) 30% 가산 적용(2018년 7월 1일 시행)

4) 소아 및 노인 진료

가산율	1세 미만	1세 이상 ~ 6세 미만	70세 이상
진찰료 가산	초진료+26.45점 재진료+16.67점	초진료+10.89점 재진료+ 6.86점	
15%	방사선 (일반) – 치근단, 교익, Panorama		
20%	방사선 (특수) – Cone Beam CT		
30%		마취료	마취료
50%	마취료		

5) 8세 미만 가산 행위

8세 미만	**30% 가산**	보통처치, 치아진정처치, 치아파절편제거, 즉일충전처치, 와동형성, 충전, 광중합형 복합레진, 치면열구전색, 치수절단, 응급근관처치, 발수, 근관와동형성, 근관확대(근관성형), 근관세척, 근관충전

6) 장애인 진료 가산

① 적용 대상 : 장애인 등록증을 교부받은 뇌병변장애인, 지적장애인, 정신장애인, 자폐성 장애인

② 가산 항목

– 초진 및 재진 진찰료 : 기본진찰료 + 9.03점 가산

– 처치 · 수술료 항목에 소정점수의 100% 가산

장애인	**100% 가산**	보통처치, 치아진정처치, 치아파절편제거, 즉일충전처치, 와동형성, 충전, 광중합형 복합레진, 치면열구전색, 치수절단, 응급근관처치, 발수, 근관와동형성, 근관확대(근관성형), 근관세척, 근관충전, 치석제거(가)(나), 당일발수근충, 발치술

3. 외래 요양급여비용 본인부담금 기준

1) 국민건강보험 본인부담금 기준

(1) 요양기관종별 본인부담률

[일반 환자, 의약분업 해당 지역 환자 기준]

<table>
<tr><td>상급 종합병원</td><td>60%</td><td rowspan="4">100원
미만
절사</td></tr>
<tr><td>종합병원</td><td>50%</td></tr>
<tr><td>치과병원</td><td>40% (동 지역 기준)</td></tr>
<tr><td>치과의원</td><td>30%</td></tr>
</table>

(2) 국민건강보험 대상자별 본인부담금 (치과의원 및 치과병원)

<table>
<tr><th rowspan="2">요양
기관
종별</th><th colspan="7">본인부담금 및 부담률</th></tr>
<tr><th>1세
미만</th><th>1세 이상
~
6세 미만</th><th>6세 이상
~
65세 미만</th><th colspan="3">65세 이상</th><th>임신부</th></tr>
<tr><td rowspan="4">치과의원</td><td rowspan="4">5%</td><td rowspan="4">21%</td><td rowspan="4">30%</td><td rowspan="4">진
료
비
총
액
액</td><td>15,000원 이하</td><td>1,500원</td><td rowspan="4">10%</td></tr>
<tr><td>15,000원 초과,
20,000원 이하</td><td>10%</td></tr>
<tr><td>20,000원 초과,
25,000원 이하</td><td>20%</td></tr>
<tr><td>25,000원 초과</td><td>30%</td></tr>
<tr><td>치과병원</td><td>10%</td><td>28%</td><td colspan="4">40%</td><td>20%</td></tr>
</table>

■ **임신부**

- 2017년 1월 1일부터 시행되었으며 치과 외래 진료 내원 시 임신을 증명할 수 있는 산모수첩이 나 카드를 가지고 오거나 프로그램상 임신 확인정보 조회/등록을 통해서 확인 가능
- 본인부담금 20% 경감

2) 의료급여 대상자별 본인부담금 (치과의원 및 치과병원)

<table>
<tr><th colspan="2" rowspan="3">의료급여기관</th><th colspan="3">종별</th></tr>
<tr><th rowspan="2">1종 수급권자</th><th colspan="2">2종 수급권자</th></tr>
<tr><th>일반</th><th>장애인</th></tr>
<tr><td rowspan="3">제1차
의료급여기관</td><td>그 밖의 외래진료</td><td>1,000 원</td><td>1,000 원</td><td>250 원</td></tr>
<tr><td>원내 직접 조제</td><td>1,500 원</td><td>1,500 원</td><td>750 원</td></tr>
<tr><td>CT, MRI 등</td><td>5%</td><td colspan="2">15%</td></tr>
<tr><td rowspan="3">제2차
의료급여기관</td><td>그 밖의 외래진료</td><td>1,500원</td><td rowspan="3">의료급여비용
총액의 15%</td><td rowspan="3">무료
(장애인 의료비)</td></tr>
<tr><td>원내 직접 조제</td><td>2,000원</td></tr>
<tr><td>CT, MRI 등</td><td>5%</td></tr>
</table>

* 그 밖의 외래 진료

원내 직접 조제와 처방전 발급이 함께 이루어진 경우

원내 직접 조제 없이 처방전 발급만 이루어진 경우

원내 직접 조제와 처방전 발급이 모두 없는 경우

시험대비 이해 Point !

건강보험대상자의 본인부담금은 연령에 따라 치과의원 및 치과병원에 따라 달라지고, 의료급여대상자의 본인부담금은 원외처방전 발급 유무와 원내 직접 조제(마취제, 주사제 등 사용)로 달라진다고 보시면 됩니다.

[치과의원에 내원한 의료급여 수급권자는 1종, 2종 구분 없이 1,000원 내지 1,500원이다.]

[치과병원에 내원한 의료급여 수급권자는 1종은 1,500원 내지 2,000원, 2종은 총액의 15%]를 먼저 기억한 후 그다음 원외처방전 발급 유무로 구분합니다. 진료내용 중 처방전 발급이 이루어졌다면 약국에서도 비용을 지불해야 하기 때문에 본인부담금이 더 낮다로 기억하셔서 500원 적은 금액으로 기억하시고, 처방전 발급이 없을 경우에는 다시 원내 직접 조제인 의약품 사용 유무로 판단하시면 됩니다. 처방전 발급도 없고 의약품 사용도 없다면 500원 적은 금액으로, 처방전 발급은 없는데 의약품 사용을 했다면 해당 의약품 관리비 명목으로 치과에 500원 더 지불해야 한다고 이해하시면 됩니다.

본인부담금 문제 풀 때

1) 건강보험대상자인지, 의료급여 수급권자인지 확인
2) 의료급여 수급권자의 경우 → 치과의원인지, 치과병원인지 확인
3) 처방전 발급 유무 확인
4) 처방전 발급 없으면 의약품 사용 유무 확인

① 의료급여 대상자 중 외래 본인 부담 면제자

- 18세 미만인자 1종
- 임산부 1종
- (구)등록 희귀난치성질환자 1종(2013.09.30. 이전 등록수급권자)
- 등록 희귀난치성질환자 1종(2013.10.01. ~ 2018.12.31. 등록수급권자)
- 20세 이하인 자로 중·고등학교 재학 중인 자 1종
- 가정간호대상자 1종
- 행려환자 1종
- 노숙인 진료시설을 이용하는 노숙인 1종
- 응급·분만으로 노숙인 진료시설 이외의 의료급여기관을 이용하는 노숙인 1종
- 노숙인 진료시설에서 의뢰되어 제3차 의료급여기관을 이용하는 노숙인 1종
- 등록 중증 · 결핵 ·희귀질환자 1종
- 등록 중증난치질환자 1종
- 선택의료급여기관 적용자(조건부 연장승인자) 1종
- 선택의료급여기관 자발적 참여자 1종
- 응급환자인 선택의료급여기관 이용자 1종
- 장애인보장구 지급받는 선택의료급여기관 이용자 1종

② 선택의료급여기관 이용자 수납의 형태

– 지정한 선택 병 · 의원에서 진료를 진행한 경우 본인부담금을 면제
(※ 선택 병 · 의원은 일반적으로 1기관을 지정하며, 복합질환으로 6개월 이상 진료가 필요한 자는 1기관을 추가 지정 가능. 추가 지정 시에는 전체 2곳에서만 본인부담금이 면제)
– 지정한 선택 병 · 의원 이외에서 진료 시에는 지정한 선택 병 · 의원에서 「의료급여의뢰서」를 발급받아야 하며, 본인부담금이 발생
– 「의료급여의뢰서」가 없는 경우 전액 본인부담금이 발생

③ 건강생활유지비 지원제도

– 본인부담 면제자, 급여제한자가 아닌 1종 의료급여 수급자에게 매월 6천원씩 가상계좌로 지급하는 제도
– 외래 진료 시 본인부담금을 건강생활유지비 잔액으로 납부할 수 있음
(건강생활유지비 선(先)차감 의무)
– 건강생활유지비 잔액이 부족하거나 없는 경우는 현금으로 본인부담금 전부 또는 일부 납부

참고) 요양급여 명세서 작성 예시

예시 1) 건강보험대상자/치과의원/성인환자(24Y)/ 2023년 내원하여 충치치료한 경우

(요양기관 종별가산율 적용)

[2023]

일자	부위	내역	I (진찰료, 약제, 재료)	II (진료행위료)	구분
3/27	16	초진	15,490		
		치근단촬영판독		3,770	
		치수복조		2,300	
		침윤마취		1,490	
		에프디카인(1:10만)	405		
		의약품관리료 1일분	220		
		소계	16,115	7,560	
		가산율	치과의원 : 15%	1,134	
		총진료비		24,800	
		본인부담금	7,440 -> 7,400		
		공단청구액	17,400		

★ 치과의원의 본인부담금 ⇒ 일반환자 진료비 총액의 **30%** [100원 미만 절사]

예시 2) 건강보험대상자/치과의원/성인환자(24Y)/ 2024년 내원하여 충치치료한 경우

(요양기관 종별가산율 폐지, 상대가치점수 개편)

[2024]

일자	부위	내역	I (진찰료, 약제, 재료)	II (진료행위료)	구분
3/27	16	초진	15,990		
		치근단촬영판독		4,480	
		치수복조		2,730	
		침윤마취		1,770	
		에프디카인(1:10만)	405		
		의약품관리료 1일분	220		
		소계	16,615	8,980	
		가산율	치과의원 : 0%	0	
		총진료비		25,590	
		본인부담금	7,677 -> 7,600		
		공단청구액	17,990		

★ 치과의원의 본인부담금 ⇒ 일반환자 진료비 총액의 **30%** [100원 미만 절사]

4. 진찰료 산정기준

1) 진찰료 (기본진료)

: 외래에서 환자를 진찰한 경우 처방전 발행과는 상관없이 산정

※ 기본진찰료와 외래관리료가 포함된 개념

기본진찰료는 병원관리료 및 진찰권 발급 비용이 포함되고

외래관리료는 외래 환자 처방 및 조제 등에 소요되는 비용을 말함.

① 초진료

- 초진 : 해당상병으로 동일 의료기관의 동일의사에게 진료를 받은 경험이 없는 경우
- 치료가 종결된 후 30일 이후 내원하는 경우
- 치료의 종결여부가 명확하지 않은 만성질환의 경우 90일 이후 내원하는 경우

② 재진료

- 재진 : 해당상병으로 동일 의료기관의 동일의사에게 진료를 받고 있는 경우
- 이전 치료에 대한 치료과정이 계속 이어지는 환자의 경우
- 치료가 종결된 후 30일 이내 내원한 경우
- 치주치료의 경우 치료가 끝난 후 90일 이내 내원하는 경우

③ 진찰료 산정기준

- 진찰료 = 기본진찰료 + 외래관리료
- 치료의 종결 : 해당 상병이 치료를 위한 내원이 종결되었거나 투약이 종결 되었을 때
- 진찰료 1회 산정 하는 경우
    - ◆ 동일 의사가 동시에 2가지 이상의 상병에 대해 진찰한 경우

- 진찰료를 각각 산정하는 경우
  - ◆ 2개 이상의 진료과목이 설치되어 있고 해당과의 전문의가 상근하는 요양기관에서 동일환자의 다른 상병에 대하여 전문과목이 다른 의사가 각각 진찰한 경우
- 진료 담당 의사가 검사 · 방사선 진단 등을 처방지시 하였으나 요양기관의 사정에 의해 당일에 검사 · 방사선 진단을 실시하지 못한 경우 검사 · 방사선 진단을 실시한 당일의 진찰료는 산정하지 않는다.
- 의료기관의 의사 또는 치과의사가 교부한 처방전에 따라 약국 또는 한국희귀 · 필수 의약품센터에서 조제받은 주사제를 투여받기 위해 당해 요양기관에 당일 재 내원하는 경우 진찰료 별도 산정하지 않는다.

④ 진찰료 (기본진료)만 산정하는 경우

- 진찰 또는 상담만 한 경우
- 치은염, 지치주위염 등 간단한 구강연조직질환 처치
- 구강건조증 처치, 구내염 치료(연고 또는 약물 도포) ex) 오라메디, 페리덱스 등
- 발치 전, 치주질환 수술 전 간단한 드레싱 및 연조직 질환 처치
- 구강악안면동통 간이 검사
- 처방전만 발생한 경우

⑤ 진찰료(기본진료) 산정 불가

- 급여틀니, 급여 임플란트, 틀니(유상)유지관리행위 시 진찰료 산정 불가
- 요양급여 행위 없이 비급여 행위만 시행한 날은 진찰료 산정 불가
- 1일 2회 이상 내원해도 진찰료는 1회만 가능

⑥ 구강검진 당일에 보험진료 시행한 경우 진찰료 산정 방법

구강검진 종류	보험 진찰료
공단 구강검진 (영유아, 성인, 생애전환기)	진찰료 50 % + 진료행위 100%
학교 구강검진	진찰료 100% + 진료행위 100%

※ 국민건강보험법 제52조에 의거 일반건강검진 (생애전환기 건강검진 포함), 암검진, 영유아 건강검진의 경우 초,재진 진찰료의 50% 산정

– 고시 제2012–153호, '12.12.1. 시행 –

[참고] 영유아 구강검진 3회에서 4회 확대 (2022.06.30.)

· 1차 : 18개월 ~ 29개월
· 2차 : 30개월 ~ 41개월
· 3차 : 42개월 ~ 53개월
· 4차 : 54개월 ~ 65개월

5. 영상진단 및 방사선치료료

기본원칙

- 방사선 진단료 : 촬영료 70% + 판독료 30 %
- 방사선 진단을 실시한 경우 반드시 판독소견서를 작성 · 비치 해야 함
- 판독소견서 작성 · 비치하지 않은 경우에는 촬영료(70%)만 산정
- 치근단, 파노라마 촬영 시에는 진료기록부에 소견을 기재하는 것만으로도 판독소견서 작성으로 인정됨 (정상 소견일 경우 간단한 소견만 기재해도 인정)
- 영상 검사 행위는 요양기관 종별가산율 적용하지 않음 (2024.1.1.)

Ⅰ. 방사선 일반 영상 진단료

분류	상대가치점수	비용(원)
치근단 촬영		
가. 1매	46.64	4,480
나. 2매 (동시촬영)	73.38	7,040
다. 3매 (동시촬영)	106.05	10,180
라. 4매 (동시촬영)	118.73	11,400
마. 5매 또는 그 이상(동시촬영)	136.65	13,120
교익 촬영		
가. 1매	55.12	5,290
나. 2매 (동시촬영)	76.08	7,300
다. 3매 (동시촬영)	101.43	9,740
라. 4매 (동시촬영)	126.80	12,170
마. 5매 또는 그 이상(동시촬영)	152.16	14,610
파노라마 촬영		
가. 일반 파노라마 촬영	148.95	14,300
나. 특수(악관절, 악골절 단면)	171.30	16,440

1) 치근단 촬영

- 치아와 그 주위조직의 병변 진단 및 평가에 가장 유용한 일반적인 치근단 사진
- 치과 디지털 촬영장치를 이용한 경우 : 치근단 촬영 판독료만 산정
- 치과 아날로그 촬영장치를 이용한 경우 : 치근단 촬영 판독료 + 필름(재료대)
- 치근단 동시촬영 : 동일 부위 동일 목적으로 정확한 진단을 위하여 추가적인 촬영 시행한 경우 산정
  (별도의 책정된 소정점수로 산정하되, 최대 5매까지 산정 가능)
- 단순 촬영 실책으로 인해 추가 촬영을 시행한 경우 추가 산정 불가

2) 교익 촬영

- 상 · 하악을 교합시킨 상태에서 설측에 필름 또는 센서를 위치시킨 다음 촬영하는 사진
- 인접면 치아우식증 검사 및 초기 치주질환 진단 및 평가에 유용함

3) 파노라마 촬영(일반)

- 치아 및 악안면 영역을 전체적으로 진단 및 평가에 유용한 사진

※ 파노라마 촬영 인정 기준

- ◆ 전체적인 치주질환 상태를 관찰하기 위한 경우
- ◆ 해당 치아가 맹출되는 평균 연령을 초과한 경우
- ◆ 매복치 위치 · 형태 · 매복정도 확인 및 매복치 발치를 위한 경우
- ◆ 구내 촬영이 불가능한 경우
- ◆ 외상의 진단을 위한 경우
- ◆ 부분적인 치근단촬영 만으로 진단이 불충분한 경우

- 당일 파노라마 촬영 후 치근단 추가 촬영 가능 (내역설명 필수)
- 치근단 촬영만으로 진단이 불충분한 경우 시행
- 매복치, 과잉치의 경우 위치, 매복정도 등 확인 위해 1개 치아라도 파노라마 촬영 가능
- 구내촬영이 불가능한 경우나 외상 등 진단목적, 개구 제한 환자 적용 가능

4) 파노라마 특수(악관절, 악골절단면)

- 파노라마 장비를 이용하여 악관절 좌 · 우 폐구 및 개구 상태 촬영
- 악골절단면 또는 악관절, 상악동을 촬영하여 전반적인 평가를 위해 시행할 경우 인정
- 측두하악관절규격촬영으로 청구하는 사례가 많아 주의 필요

II. 방사선 특수 영상 진단료

분류	상대가치점수	비용(원)
Cone Beam CT 촬영		
가. 일반	582.68	55,940
나. 3차원	754.72	72,450

1) Cone Beam CT 산정기준 (매년 선별집중심사 대상 항목)

- 치근단 및 파노라마 촬영만으로 진단이 불확실한 경우에 한하여 산정 가능
- 보완자료 요청에 대비하여 별도의 판독소견서 작성 · 비치해야 함
- 이전 사진 참고하여 CT 촬영 청구 시에는 진찰료 재진으로 청구해야 함
- 가. 일반, 나.3차원 두 항목에 대한 적응증 별도 정하지 않음. 사례별로 실시 사유 및 영상 재구성 시행 여부 확인하여 인정하고 있음. (현재 매복치의 경우 일반으로 인정함)
- 내역 설명 반드시 기재하여야 함

  예) 파노라마 사진에서 하치조관과 치근이 겹쳐보이고, 발치의 위험도가 높다고 판단하여 CT촬영함.

참고) 고시 제2023-242호(2024.1.1.)

Cone Beam 전산화단층영상진단의 급여기준

다245-1 Cone Beam 전산화단층영상촬영은 제3장 제1절 방사선일반영상진단(파노라마 등)으로는 진단이 불확실한 경우에 한하여 식약처 허가사항 범위 내에서 다음의 경우에 요양급여를 인정함.

- 다 음 -

가. 치아부위

1) 근관(신경)치료의 경우
  가) 통상적인 근관(신경)치료 시 비정상으로 계속적인 동통을 호소하는 경우:
    치근의 파절 또는 비정상적 근관형태로 추가적인 근관치료를 요하는 경우
  나) 치근단절제(Apicoectomy) 또는 치아재식술을 요하는 경우로써 해부학적으로
    위험한 상태로 하치조관이나, 이공, 상악동 부위에 병소가 위치하여
    정확한 진단이 필요한 경우
2) 차41마(3)완전 매복치 발치술과 관련된 완전 매복치
3) 제3대구치는 치근단, 파노라마촬영 등에서 하치조관 또는 상악동과 치근이 겹쳐 보여
  발치의 위험도가 높은 경우
4) 치아나 치조골의 급성 외상에 의한 치아의 함입 등으로 인해 계승치아에 미치는 영향의 진단

나. 안면 및 두개기저 부위

1) 3치관 크기 이상의 치근낭
2) 타액선 결석
3) 임상소견 상 수술을 요할 정도의 상악동염
4) LeFort Ⅰ, Ⅱ, Ⅲ 골절 혹은 협골부, 안와의 blow-out 골절, 하악골의 골절
  혹은 하악 과두 골절, 비골골절, 전두동골절, 비 · 전두사골복합체골절
5) 악안면 기형 수술의 전 · 후 평가
6) 낭종 또는 염증성 질환
7) 터키안내 양성종양, 뇌하수체 호르몬 이상 시, Empty Sella

다. 측두하악관절부위

1) 강직(Ankylosis)과 감별진단을 요하는 심한 임상적 개구제한

2) 골 변화를 동반하는 관절염(퇴행성, 류마티스성, 감염성) 및 과두형태의 이상

3) 스플린트 치료에 반응하지 않는 측두하악장애

4) 악관절수술의 전, 후 평가

라. 부비동(Paranasal) 및 측두골(Temporal)

1) 임상소견 상 수술을 요할 정도의 부비동염이나 비중격만곡증, 만성 중이염과 진주종 등이 의심될 때

2) 비부비동염, 중이염에서 두개내, 두개외의 합병증 등이 의심될 때

3) 중이(middle ear), 내이(inner ear)나 내이도 (internal auditory canal)의 정밀 해부학적 구조파악이 필수적일 때(혈관성 또는 원인불명의 이명, 원인불명의 청각장애 등)

4) 인공와우 이식술 시행 시

5) 악성종양과 감별을 요하는 종괴성 질환의 진단 시

6) 악성종양의 병기결정 및 추적 검사

7) 수술 또는 치료 후 호전되지 않거나 수술 후 재발 및 심부 합병증이 의심될 때

8) 선천성질환 중 해부학적 구조 확인이 필요한 경우

9) 측두골 외상이 의심될 때

마. 상지 및 하지 부위

1) 해부학적으로 복잡한 부위의 골절(관절, 수족골)

2) 관절 내 유리골편의 확인

3) 염증 또는 외상 후 관절 내 이상소견의 치료 전 평가 및 치료 후 경과 관찰

4) 골연골증의 수술 전 진단 및 범위 결정

5) 수술 후 내고정물의 정확한 위치 평가

6) 일반 X선 사진 상 골절 유합의 평가가 어려울 때

7) 만성관절염의 수술여부 정밀 평가

6. 마취료

분류		상대가치점수	비용(원)
침윤마취 (Infiltrative Anesthesia) (1/3악당)		18.40	1,770
전달마취 (Block Anesthesia) (1/2악당)	비구개신경전달마취	47.47	4,560
	이신경전달마취	47.47	4,560
	후상치조신경전달마취	47.47	4,560
	안와하신경전달마취	60.55	5,810
	하치조신경전달마취	60.67	5,820

산정기준

- 마취료 = 행위료(침윤/전달) + 약제(리도카인) + 의약품 관리료(1일 1회)
- 동일목적으로 2개 이상의 마취를 병용한 경우 주된 마취 행위만 인정
- 1회용 주사기, 침 재료대는 수가에 포함되어 별도 산정 불가
- 리도카인은 사용한 수대로 청구 가능
- 도포마취는 별도 산정 불가
- 신생아는 100% 가산, 1세 미만 소아는 50% 가산
- 1세 이상 ~ 6세 미만, 70세 이상은 30% 가산
- 야간 공휴일에 응급 진료가 불가피하여 마취 시행시 50% 가산 (마취 시작시간 기준)

※ 의약품 관리료 : 병 · 의원에서 보관하는 약제에 관하여 약제 관리비 명목으로 인정되는 행위료

1) 침윤마취

- 치료할 치아의 주위 조직에 마취하는 방법으로 1/3악당 산정한다.
- 유치, 영구치 전악 모두 산정 가능하다.

2) 비구개신경전달마취

- 상악 전치부 설측 점막을 마취하는 방법으로 치주수술, 외과적 수술에 한하여 산정 가능하다.

3) 이신경전달마취

– 하악 이공 부위에 마취하는 방법으로 하악 점막 치료에 산정 가능하다.

4) 후상치조신경전달마취

– 상악 영구치 구치부 치료에 산정 가능하다.

5) 하치조신경전달마취

– 하악 구치부 치료 시 산정 가능하다.

– 하악 유구치는 하치조신경 전달마취도 산정 가능하다.

의약품관리료 산정기준

가11 의약품 관리료는 실제 투약이 이루어진 경우에 한하여 다음과 같이 산정함.

– 다 음 –

가. 1일 내원하여 2개 이상의 진료과목에서 진료 받은 외래 환자의 경우
:「건강보험행위 급여 · 비급여 목록표 및 급여 상대가치점수」제1편 제2부 제1장 기본진료료 [산정지침] 1. 진찰료 '다'에 따라 동일 환자의 다른 상병에 대하여 2개 이상의 전문과목 또는 전문분야가 다른 진료담당 의사가 각각 진찰한 경우 진찰료를 각각 산정하고 있으므로 외래환자 의약품 관리료도 각각 산정함.

나. 퇴원환자에게 투약한 경우
: 외래 환자로 간주하여 외래환자 의약품관리료로 산정하되, 라1 퇴원환자 조제료 '주1'에 의거 퇴원 익일부터 산정함.

다. 격일 또는 주1회 투약하는 의약품의 경우
: 의약품 관리료는 실제 투약되는 일수로 산정함.

라. 입원기간 중「건강보험 행위 급여 · 비급여 목록표 및 급여 상대가치점수」고시 개정 및 요양기관 종별 변경이 발생한 경우 의약품 관리료는 변경시점을 기준으로 분리하여 청구할 수 없으며, 입원시점의 점수 당 단가 및 요양기관 종별 가산율을 적용하여 산정하되, 퇴원일에 일괄하여 청구함.

■ 고시 신설/개정 고시번호(시행일자)
– 고시 제2023–56호(2023.3.29 시행)

7. 행동조절료(진정요법)

2급

분류	상대가치점수	진료비
가. 15분까지	230.97	22,170원
나. 15분 초과 1시간까지 매 15분당	108.17	10,380원
다. 1시간 초과 시 매 30분당	108.32	10,400원

치과진료의 불안과 공포가 심한 자, 뇌성마비, 정신지체 등을 앓는 자, 구토반사가 심한 자와 같이 진료 협조도가 떨어지고 행동조절이 어려운 환자들을 대상으로 아산화질소와 산소를 적정비율로 흡입시키는 술식

1) 산정기준

- 국소마취와 동시에 산정 가능하다.
- 보험진료를 시행한 시간동안만 산정 가능하다.
- 사용된 산소(O_2)와 아산화질소(N_2O)는 각 각 산정 가능하다.
- 산소와 아산화질소는 의약품이므로 별도 재료대 구입 신고는 불필요하다.
- 사용된 마스크나 마스크 커버 비용은 소정점수에 포함되어 별도 산정 불가하다.

예시	치료 소요시간	보험 청구 방법
태조	16분	(가) + (나)
정종	45분	(가) + (나)×2
태종	61분	(가) + (나)×3 + (다)×1
세종	95분	(가) + (나)×3 + (다)×2

8. 투약 및 조제료(처방료)

1) 정의

- 처방전 발행료는 초,재진 진찰료 중 외래관리료에 포함되고 별도의 수가는 없음
- 진찰료(초/재진) = 기본진찰료 + 외래관리료

2) 산정기준

- 항생제, 소화제 일률적 처방, 일률적인 고가약 처방, 저함량 배수처방 등은 지양해야 함
- 비급여 진료 시에는 처방전도 비급여로 발행 (교정발치, 임플란트 등)
- 비급여 진료 시 발급되는 처방전의 발행은 '기타'란에 체크
- 교부번호가 약국과 일치해야 함
- 처방전에 문제가 있을 경우 외래관리료가 심사 조정됨

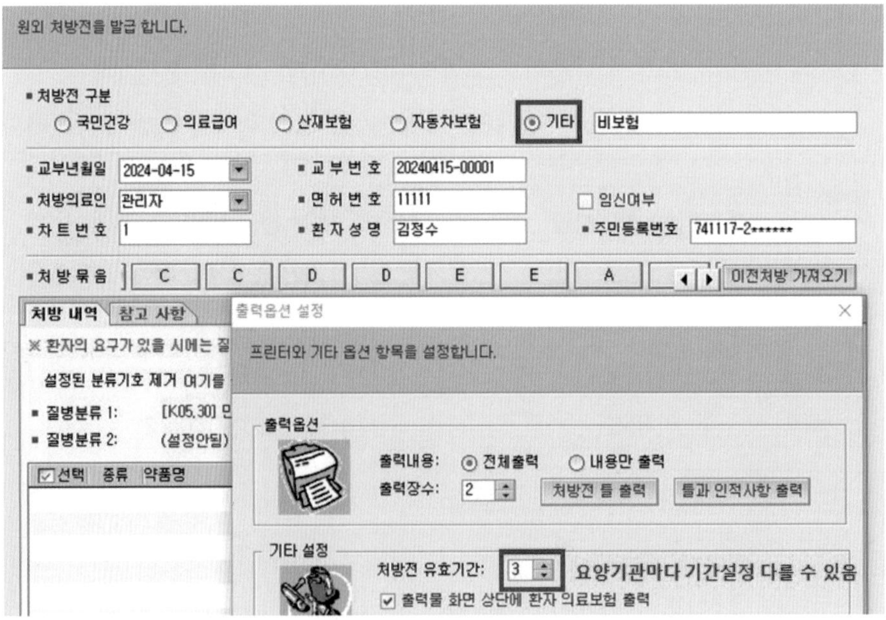

3) 처방전 재발급 시 산정기준

– 처방전 사용 기간 경과 후 재발급 시
: 의료기관에 재내원하여야 하며 재발급 여부 결정을 위해 진찰이 이루어진 경우 요양 급여비용 중 일부를 본인이 부담

– 처방전 사용 기간 이내 재발급 시 (분실 시)
: 분실 처방전을 재발급 하는 경우 진찰료를 별도 산정할 수 없으며, 이때 처방전 교부 번호는 종전의 교부번호를 그대로 사용하고 재발급한 사실을 처방전에 표기

4) 보호자 대리처방

– 진료 처방은 의사의 직접 대면을 원칙으로 하나, 환자가 병원에 내원하여 처방받기 어려운 경우라면 대리처방이 가능하며, 가족에 한함.(의료법 제17조 제1항)
– 재진 진찰료의 50% 산정 가능

① 대리처방 가능 요건

– 환자의 의식이 없는 경우
– 환자의 거동이 현저히 곤란하고 동일한 상병에 장기간 같은 처방을 해온 경우
– 해당 환자 및 의약품에 대해 안전성이 인정되는 경우

② 대리처방 수령 가능자 요건

– 환자의 직계존비속, 배우자 및 배우자의 직계존속, 형제자매, 노인복지법에 따른 노인의료복지시설 근무자, 장애인 거주 시설 근무자, 기타 대통령령으로 정한 사람
– 증빙 서류 : 가족관계증명서 (대리수령인과 환자와의 관계가 확인되어야 함),
대리인 신분증, 재직증명서(장애인 거주 시설 근무자의 경우 해당)

9. 피하 또는 근육 내 주사료

피하 또는 근육내주사		항생제 또는 진통제 등을 피하근육(주로 엉덩이)에 주사하는 방법
상대가치점수 17.97	진료비 1,730원	

1) 산정기준

- 외래는 1일 1회, 입원은 1일 2회 이내만 산정
  (단, 응급을 요하거나 진료상 반드시 필요한 경우는 예외)
- 비급여 치료 후 시행한 경우 급여로 산정 불가하다.
- 구강외과 수술 또는 치주 수술 후 시행한 피하근육내 주사는 급여로 인정되나, 일률적인 산정은 조정될 수 있다.
- 2011.11.15부터 주사제가 의약분업 예외사항으로 분류됨에 따라 요양기관에서 의사, 치과의사의 직접조제가 가능함.
- 경구 투여가 여의치 않은 경우에 산정 가능 (내역설명)
  예) 위장장애가 있거나, 개구장애로 약을 먹기 불편해서 근육주사 실시함.

Chapter

3

진료항목별 요양급여 산정기준

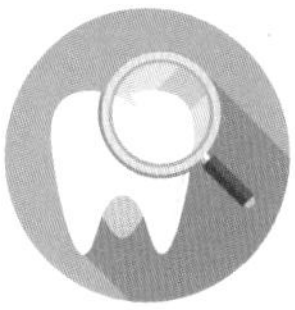

1. 보존치료
2. 근관치료
3. 구강외과치료
4. 치주질환치료
5. 보철치료
6. 치과 임플란트
7. 구강내과치료

Chapter 3

진료항목별 요양급여 산정기준

1. 보존치료

보통처치, 치아진정처치, 치수복조, 치아 파절편 제거, 지각과민처치, 즉일충전처치, 충전처치, 광중합형 복합레진 충전, 충전물 연마, 러버댐 장착, 치면열구전색술, 교합조정술, 정량광형광기를 이용한 치아우식증 검사

1. 보통처치 (Simple Treatment)

보통처치 (1치당)		이미 형성된 와동에 약제 교환 및 임시 충전재를 사용하여 충전하는 등 본격적인 치료 전에 행하는 간단한 처치로 기본진료비에 포함되지 않는 행위
상대가치점수 13.24	진료비 1,270원	

1) 산정기준

- 치수강 개방만 시행한 경우 산정한다.
- 발수를 완료하기 전 치수 일부만 제거한 경우 산정한다.
- 치수절단 후 F.C 교환, 임시충전 시 산정한다.
- 근관치료 중 임시충전재가 탈락되어 재충전한 경우 산정한다.
- 마취 및 방사선 촬영, 투약 등 별도 산정 가능하다.
- 약제 및 임시충전 비용은 별도로 산정 불가하다.
- 적용 가능 상병명 예시
  - ◆K02.~ 치아우식 상병 등
  - ◆K04.~ 치수염 상병 등

2. 치아진정처치 (Dental Sedative Filling)

치아진정처치 (1치당)		초기 우식증 상병에서 우식 상아질을 제거하고 당일에 와동형성을 완료했으나, 영구 충전을 할 수 없는 경우 임시충전재를 사용하여 치아를 진정시키는 술식
상대가치점수 19.08	진료비 1,830원	

1) 산정기준

- 우식제거 후 경과관찰을 위하여 임시 충전하는 경우 산정할 수 있다.
- 마취 및 방사선 촬영 별도 산정 가능하다.
- 약제 및 임시충전 비용은 별도로 산정 불가하다.
- 충전, 즉일충전처치 당일 실시한 치아진정처치는 주된 처치에 포함되므로 산정 불가하다.
- 비급여 전 단계로 시행한 경우 산정 불가하다.
- 적용 가능 상병명 예시
  - ◆ K02.1 상아질의 우식
  - ◆ K02.8 기타 치아우식

3. 치수복조 (Pulp Capping)

치수복조 (1치당)		치수에 근접한 깊은 우식 제거 등으로 치수가 미세하게 노출되었을 때 특정 약제(Dycal) 등으로 노출된 부분의 염증을 억제하고 상아질의 형성을 유도하는 술식
상대가치점수 28.42	진료비 2,730원	

◆ 직접치수복조 : 좁은 범위로 치수가 노출되었으나, 치수생활력 유지가 가능하리라 판단되는 경우

◆ 간접치수복조 : 육안으로 치수가 노출되지는 않았으나 치수의 보호가 필요한 경우

1) 산정기준

- 마취 및 방사선 촬영 별도 산정 가능하다.
- 약제 및 임시충전 비용은 별도로 산정 불가하다.
- 충전, 즉일충전처치 당일 실시한 치수복조는 주된 처치에 포함되므로 산정 불가하다.

- 비급여 전 단계로 시행한 경우 산정 불가하다.
- 동일 부위에 타 처치와 동시 시행 시 산정기준
  ◆ 치수복조 + 진정처치 = 치수복조만 산정
- 적용 가능 상병명 예시
  ◆ K02.1 상아질의 우식
  ◆ K02.2 시멘트질의 우식
  ◆ K02.5 치수노출이 있는 우식
  ◆ K04.00 가역적 치수염

4. 치아 파절편 제거(Removal of Fractured Tooth Fragment)

치아파절편제거 (1치당)		치아의 일부분이 파절되어 제거하는 술식
상대가치점수 12.49	진료비 1,200원	

1) 산정기준

- 마취 및 방사선 촬영 별도 산정 가능하다.
- 동일 부위에 타 처치와 동시 시행 시 산정기준
  ◆ 파절편제거 + 보존치료 및 근관치료= 각 각 100% 산정
  ◆ 치아파절편 제거 + 발치 = 발치만 산정
- 적용 가능 상병명 예시
  ◆ S02.53 치수 침범이 없는 치관파절
  ◆ S02.54 치수 침범이 있는 치관파절 등

5. 지각과민처치 (Desensitizing Treatment)

지각과민처치-가 (1치당)		치경부나 치근의 상아질의 노출에 의해 치아 반응이 정상 범주를 벗어나 민감성을 나타내는 경우 간단한 약물을 도포하여 과민증을 감소시키는 술식
상대가치점수 14.96	진료비 1,440원	

1) 산정기준

- 약물도포(Gluma, Super-Seal, MS-Coat 등), 불소이온도입법(이온도입기)을 시행한 경우 산정한다.
- 1치아 당 2~3회 반복적인 산정 가능하다.
- 약제 및 재료대는 별도 산정 불가하다.
- 치아우식증에 지각과민처치는 적용 착오이다.
- 동일 부위에 타 처치와 동시 시행 시 산정기준
  - ◆ 치석제거 및 치주치료 + 지각과민처치(가) = 각 각 100% 산정 가능
  - ◆ 충전치료, 근관치료, 보철치료 + 지각과민처치 = 지각과민처치는 별도 산정 불가
- 적용 가능 상병명 예시
  - ◆ K03.10 치아의 치약마모/쐐기결손 NOS/굴곡파절
  - ◆ K03.18 치아의 기타 명시된 마모
  - ◆ K03.80 과민성 상아질
  - ◆ K06.00 국소적 치은퇴축 등

[고시 제2023-56호] **불소를 이용한 치아우식증 예방처치의 급여기준**

불소를 이용한 치아우식증 예방처치(불소바니시도포, 불소용액도포, 이온영동법등)는 다음과 같은 경우에는 요양급여함.

-다 음-

가. 급여대상
1) 두경부 방사선 치료를 받은 환자
2) 쉐그렌 증후군 환자
3) 구강건조증 환자(비자극시 분비되는 전타액분비량이 분당 0.1ml 이하를 의미함)
4) 장애인으로 등록되어 있는 뇌병변장애인, 지적장애인, 정신장애인, 자폐성장애인

나. 수가 산정방법
차4가 [지각과민처치(1치당)-약물도포, 이온도입법의 경우]의 소정점수를 산정하며, 약제료는 차4 지각과민처치(1치당) '주'에 의거 별도 산정하지 아니함.

[2023.3.29.개정]

지각과민처치–나 (1치당)		'지각과민증'의 치료를 목적으로 허가받은 레이저, 상아질 접착제를 이용하여 시린 증상을 완화 시켜주는 술식
상대가치점수 36	진료비 3,460원	

1) 산정기준

- 1일 6치까지 산정 가능하다.
- 동시에 다수 치아를 시행한 경우 : 1치는 100% 인정되나 2치부터는 20%만 인정되며, 하루 최대 200%까지만 산정 가능하다.
  [예) 횟수증가 1, 1.2, 1.4, 1.6, 1.8, 2.0]
- 동일치아 6개월 이내에 재시행한 경우는 인정되지 않으며, 진찰료만 산정 가능하다.
- 약제 및 재료대는 별도 산정 불가하다.
- 동일부위 근관, 치주, 충전, 보철치료와 동시 산정 불가하다.
- 레이저 치료 시 주된 증상 기록이 있어야 한다.
- 시술에 사용되는 장비나 재료는 식품의약품안전처에 허가 또는 신고하여 등재된 것만 인정된다.
- 동일 부위에 타 처치와 동시 시행 시 산정기준
  - ◆ 치석제거 또는 치주치료 + 지각과민처치(나) = 지각과민처치(나) 산정불가
  - ◆ 지각과민처치(가) + 지각과민처치(나) = 주된 처치 1종만 산정
  - ◆ 충전치료, 근관치료, 보철치료 + 지각과민처치 = 지각과민처치는 별도 산정 불가

- 적용 가능 상병명 예시
  - ◆ K03.10 치아의 치약마모/쐐기결손 NOS/굴곡파절
  - ◆ K03.80 과민성 상아질
  - ◆ K03.18 치아의 기타 명시된 마모

청구 Point !

※ 지각과민처치(가)와 지각과민처치(나) 산정 횟수 비교

날짜	치식	진료 내역	
2024-01-19 (Today)	654	진료 **지각과민처치** - *K03.10 치아의 굴곡파절, 쐐기결손,.. - 지각과민처치[1치당]-약물도포,이온도입법의경우 - 3회	Dr.이닥터

[덴트웹 청구프로그램 – 지각과민처치(가) 청구화면]

날짜	치식	진료 내역	
2024-01-19 (Today)	654	진료 **지각과민처치** - *K03.10 치아의 굴곡파절, 쐐기결손,.. - 지각과민처치[1치당]-레이저치료,상아질접착제도포의경우 - 1.4회	Dr.이닥터

[덴트웹 청구프로그램 – 지각과민처치(나) 청구화면]

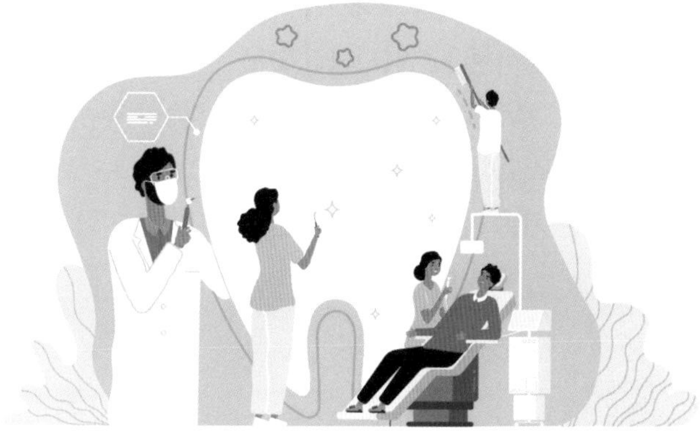

[심사사례]

치석제거 등 치주치료 후에 시행되는 차4 지각과민처치-나

[레이저치료, 상아질접착제 도포의 경우]

• 심의배경

– 지원치과심사 일관성 향상 및 효율적인 운영을 위하여 2012.9.26 개최한 치과심사 실무자회의결과 치석제거 등 치주치료 후에 시행되는 차4 지각과민처치 나 [레이저치료, 상아질접착제 도포의 경우]의 의학적 타당성 여부에 대한 논의가 필요하다는 의견이 있어 부의하게 됨.

• 심의내용

– 현행 지각과민처치[레이저치료, 상아질접착제 도포의 경우]의 인정기준(고시 제2008-149호, 2008.12.01)에 의거 차4 지각과민처치(나. 레이저치료, 상아질접착제도포의 경우, 이하 생략)와 치아질환처치(충전 등), 치주조직의 처치(치석제거 등), 보철치료를 동일치아에 시행한 경우 차4 지각과민처치는 인정하지 않고 있음.

– 이에, 치석제거 등 치주치료 후 청구되는 차4 지각과민처치의 적정 시행시기에 대하여 관련 교과서 및 학회의견 등을 참조하여 논의한 결과,

– 치주치료 후 치은출혈이나 염증이 있는 치은조직이 치유가 된 후에 지각과민처치를 해야 효과가 있으며, 치석제거(Scaling) 등 비외과적 치주치료(Root Planning, Subgingival Curettage)시 치태, 치석 그리고 내독소(endotoxin)가 제거될 때 상아세관(dentinal tubule)이 노출됨으로써 상아질 지각과민현상이 나타나게 되고 이러한 과민현상은 치료 1-2일 후에 가장 심하며, 그 후 점차 증상이 완화되면서 7일 이내에 정상적으로 돌아온다고 명시되어 있음

– 따라서, 치주치료 후 차4 지각과민처치는 치주치료에 따른 출혈 및 치은열구액 증가가 정상으로 돌아와 치근면을 적절히 건조시킬 수 있을 정도의 치유기간이 필요하므로 통상적인 치은부위의 치유기간인 일주일이 경과한 후에 시행하는 것이 타당함

[지각과민처치 약제 및 장비]

구분	지각과민처치(가)	지각과민처치(나)
약제 및 장비	· Gluma · Super-Seal · MS-Coat · 불소이온도입법 · Nt.varnish	· Clearfil SE Bond · Bis Block · Systemp Desensitizer · Hybrid Coat · Gluma Self Etch Bottle Assortment · Gluma 2BOND · Adper™ Easy Bond Self-Etch Adhesive · Adper™ single bond 2 · G-Premio BOND · Gluma Bond Universal · SD-201B – 제조사 폐업 상태 · Key Laser3 – 허가 취하 상태

※ 식품의약품안전처[식약처]의 허가에 따라 약제 및 장비 현황 달라질 수 있음

6. 즉일충전처치 (Treatment for One Visit Filling)

즉일충전처치 (1치당)		
상대가치점수	진료비	당일에 해당 치아의 경조직 처치(치수절단, 발수 등 제외)와 와동형성, 충전까지 완료하는 경우 산정하며 충전료와 함께 산정 가능한 술식
118.27	11,350원	

1) 산정기준

- 즉일충전처치료 + 충전료 + 재료대로 산정한다.
- 마취 및 방사선 촬영 별도 산정 가능하다.
- 러버댐 장착 시 별도 산정 가능하다.
- 와동형성료는 즉일충전처치료에 포함되어 있으므로 별도 산정 불가하다.
- 당일에 동일치아에 교합면과 치경부 충전을 동시에 시행한 경우 즉일충전 처치료는 1회만 산정한다.

– 치료한 면수대로 청구하며 반드시 차트에 영문으로 면수를 기록해야 한다.
(예: MO, MOD)
– 근관치료 후 충전물이 탈락되어 다시 충전을 실시한 경우 즉일충전처치를 산정할 수 없다.
– 동일 부위에 타 처치와 동시 시행 시 산정기준
◆ 즉일충전처치 + 치수복조, 치아진정처치 = 주된 처치만 산정 가능
– 즉일충전처치한 치아의 재충전 시 산정기준

아말감, 자가중합형 글래스아이오노머 시멘트를 이용한 재충전 시	
1개월 이내	재진 + 와동형성료(50%) + 충전료(50%) + 재료대(100%)
1개월 초과	초진 + 즉일충전처치료(100%) + 충전료(100%) + 재료대(100%)
자가중합형 복합레진 시멘트를 이용한 재충전 시	
3개월 이내	진찰료 + 와동형성료(50%) + 충전료(50%) + 재료대(100%)
3개월 초과	초진 + 즉일충전처치료(100%) + 충전료(100%) + 재료대(100%)

– 적용 가능 상병명 예시
◆ K02.~ 우식 상병
◆ K03.~ 마모 상병
◆ S02.53 치수 침범이 없는 치관파절

7. 충전 (Filling) 처치

충전 (1치당)	가. 아말감 충전	1면	상대가치점수(39.15) 진료비(3,760원)
		2면	상대가치점수(61.11) 진료비(5,870원)
		3면	상대가치점수(80.98) 진료비(7,770원)
		4면 이상	상대가치점수(103.13) 진료비(9,900원)
	나. 복합레진/ 자가중합형 GI 충전	1면	상대가치점수(96.66) 진료비(9,280원)
		2면	상대가치점수(129.66) 진료비(12,450원)
		3면	상대가치점수(150.86) 진료비(14,480원)
		4면 이상	상대가치점수(202.03) 진료비(19,390원)

와동형성 (1치당)	1면	상대가치점수(37.32) 진료비(3,580원)
	2면	상대가치점수(53.38) 진료비(5,120원)
	3면	상대가치점수(70.27) 진료비(6,750원)
	4면 이상	상대가치점수(83.69) 진료비(8,030원)

1) 산정기준

- 이전 치료에 보통처치, 치아진정처치, 치수복조, 치수절단, 신경치료 등을 한 후에 충전을 실시한 경우 산정한다.
- 와동형성료 + 충전료 + 재료대로 산정한다.
- 와동형성료와 충전료는 치아면수대로 산정(1면~4면 이상) 한다.

  * 단, 동일한 면에 2개 이상의 와동이 존재하는 경우 1면만 산정한다.

    예) O + O = 1면

  * 단 동일치아에 2개 이상의 와동이 존재하는 경우 각각의 면수를 합산하여 산정한다.

    예) MO + DO = 4면

- 충전 시 재료대 산정
  - ◆ 복합레진 등 : 면당 사용량 인정
  - ◆ 아말감(캡슐형), 글래스아이오노머, 미라클 믹스, 케탁 실버 등 : 1치당 1회 산정

- 충전처치한 치아 재충전 시 산정기준

아말감, 자가중합형 글래스아이오노머 시멘트를 이용한 재충전 시	
1개월 이내	재진 + 와동형성료(50%) + 충전료(50%) + 재료대(100%)
1개월 이후	초진 + 와동형성료(100%) + 충전료(100%) + 재료대(100%)

자가중합형 복합레진 시멘트를 이용한 재충전 시	
3개월 이내	진찰료 + 와동형성료(50%) + 충전료(50%) + 재료대(100%)
3개월 이후	초진 + 와동형성료(100%) + 충전료(100%) + 재료대(100%)

– 치료기간 중 충전을 완료한 날에 1회만 별도 산정한다.

– 미라클 믹스는 영구치의 지대치 축조형으로 사용한 경우만 인정하며, 유치는 즉일충전처치, 충전에 사용하는 재료로 인정된다.

– 치과임플란트 교합면 나사 삽입구에 재충전을 시행한 경우 충전처치로 산정 가능하다.

– 적용 가능 상병명 예시

◆ K02.~ 우식상병

◆ K04.~ 치수염 상병 또는 근단농양 상병

8. 광중합형 복합레진 충전 (Light-cured Composite Resin Filling)

광중합형 복합레진 충전 (1치당)			
	상대가치점수	진료비	5세~12세 이하 아동의 영구치가 치아우식증에 이환되어 광중합형 복합레진으로 충전하는 술식
1면	726.63	69,760원	
2면	786.77	75,530원	
3면	846.92	81,300원	

1) 산정기준

– 5세 이상~12세 이하 치수병변이 없는 치아우식증에 이환된 영구치에 적용한다. (제 3대구치 제외)

– 1일 4치까지 인정된다.

(단, 구강건강 상태 및 장애 등의 사유로 전신마취 또는 진정요법을 이용한 행동조절 시행 후 1일 최대 인정 치아 수를 초과하여 충전을 시행할 경우, 요양급여비용 청구 시 특정내역에 의사소견서를 첨부하여 제출할 경우 급여 적용 가능하다.)

– 진찰료, 마취, 방사선 촬영, 기존 수복물 제거를 시행한 경우 별도 산정 가능하다.

– 광중합형 복합레진 충전료에는 접착 전 처치 및 약제, 재료비용, 러버댐 장착료, 즉일충전처치(치수복조, 와동형성 등), 충전물연마, 충전, 교합조정 및 외형 마무리 등의 비용이 포함되어 별도 산정 불가하다.

– 우식증이 있는 치아에 보철을 목적으로 광중합형 복합레진을 실시한 경우 비급여이다.

– 광중합조사기는 필수 장비 신고 대상이다.

– 동일 부위에 타 처치와 동시 시행 시 산정기준

◆ 광중합형 복합레진 충전 + 치면열구전색술 (동일 치아에 면을 달리하여)

= 광중합형 복합레진 충전 100% + 치면열구전색술 50% 산정 가능

– 광중합형 복합레진 충전한 치아 재충전 시 산정기준

30일 이내	재진진찰료
6개월 이내	광중합형 복합레진 충전 (50%)
6개월 이후	광중합형 복합레진 충전 (100%)

– 수가는 면 단위로 분류되어 있으나 청구 시 특정내역(JX999)에 와동의 급수와 면수를 설정하여 입력한다.

– 적용 가능 상병명 예시

◆ K02.~ 우식 상병

[참고 1] GV Black's 의 분류 (와동 급수에 따른 분류)

1) 제1급 와동 : 모든 소와 열구에 위치하는 와동으로 소구치와 대구치의 교합면, 구치의 협면 및 설면에 있어서 교합측 2/3부위 그리고 상악 절치의 설면에 위치
2) 제2급 와동 : 소구치, 대구치의 인접면 와동
3) 제3급 와동 : 전치부의 절단연을 포함하지 않은 인접면 와동
4) 제4급 와동 : 전치부의 절단연을 포함하는 인접면 와동
5) 제5급 와동 : 모든 치아의 순면, 설면, 협면 치경 ⅓ 부위에 위치한 와동
6) 제6급 와동 : 전치 절단면 또는 구치 교두 부위

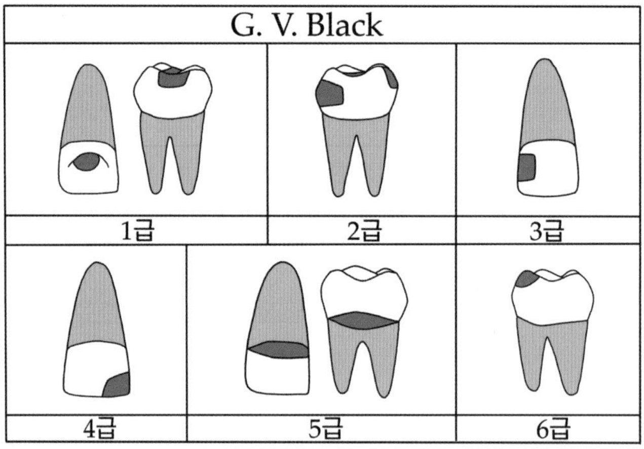

[참고 2] 와동 면수에 따른 분류

■ 구치부

- 1면 : 근심면, 원심면, 교합면, 협면, 설면(구개면)의 5면 중 1면에 국한된 와동
- 2면 : 근심면, 원심면, 교합면, 협면, 설면(구개면) 중 2개의 면에 걸친 와동
- 3면 : 5가지 면 중 3면에 걸친 와동 (예: MOD, DOL, DOB 등)
- 4면 : 5가지 면 중 4면에 걸친 와동 (예: MO&DO, MO&DOL, MODB 등)

9. 충전물연마 (Restoration Polishing)

충전물연마 (1치당)		아말감이나 복합레진 혹은 글래스아이오노머 충전물의 해부학적인 형태, 외형 및 변연부를 다듬고, 수복물의 표면 질감을 향상시키는 술식
상대가치점수 9.80	진료비 940원	

1) 산정기준

- 아말감은 충전 익일부터 산정 가능하다.
- 자가중합형 GI, 자가중합형 복합레진은 충전 당일 산정 가능하다. (단, 사용설명서 참조)
- 초진 환자가 타 진료기관에서 충전 후 내원하여 연마만 시행한 경우 내역설명 후 충전물 연마로 산정 가능하다.

- 비급여 적용 광중합형 레진이나 광중합형 G.I로 충전 후 충전물 연마료는 별도 산정 불가하다.
- 근관치료 시행한 치아 충전 후 시행한 충전물연마는 별도 산정 불가하다.
  단, 근관치료 후 보철물을 장착할 계획이 없는 경우 산정 가능하다. (내역설명 필요)
- 본원에서 충전 후 30일이 지나 연마한 경우라도 재진으로 산정한다.
- 적용 가능 상병명 예시
  - ◆ K02.~ 우식 상병
  - ◆ K03.~ 마모 상병

10. 러버댐 장착 (Rubber Dam Application)

러버댐 장착 (1악당)		보존 및 근관치료 시 구강 내 타액조절과 구강 내 세균에 의한 근관 내 감염예방 및 기구나 재료의 식도 또는 기도 내 흡입 방지를 위하여 러버댐을 장착하는 술식
상대가치점수 30.59	진료비 2,940원	

1) 산정기준

- 즉일충전처치, 충전처치, 치수절단, 발수, 근관확대, 근관세척, 근관충전, 당일 발수근충 등을 시행하며 사용한 경우 산정할 수 있다.
- 러버댐 장착 시 사용한 재료비용은 행위료에 포함되어 별도 산정 불가하다.
- 치면열구전색, 광중합복합레진충전(건강보험적용)은 행위료에 러버댐 장착료가 포함되어 사용한 러버댐 장착료는 별도 산정 불가하다.

11. 치면열구전색술 (Fissure Sealing)

치면열구전색술 (1치당)		세척하기 곤란한 치아의 소와 및 열구에 우식 발생 전 흐름성이 강한 레진으로 메우는 예방치료 술식
상대가치점수 351.36	진료비 33,730원	

1) 산정기준

- 18세 이하 순수건전치아 상태인 제1 및 제2 대구치가 대상이다.
- 탈락 또는 파절 등으로 2년 이내에 재시행한 경우 진찰료만 산정 가능하다.
- 재료대와 러버댐 장착료, 부분 탈락된 실란트 제거 시 수복물 제거는 산정 불가하다.
- 치면열구전색술 행위에 대한 본인부담률은 10%만 산정하고, 진찰료와 방사선 사진 등 다른 비용은 종전과 동일한 본인부담금이 적용된다.

(의료급여 2종 수급권자의 경우 병원은 5% 적용)

구분	건강보험대상자	의료급여 2종 수급권자
치과의원	30% → 10%	1,000원
치과병원	40% → 10%	15% → 5%

- 동일 부위에 타 처치와 동시 시행 시 산정기준
  - ◆ 동일 치아에 면을 달리하여

광중합형 복합레진 + 치면열구전색술 = 광중합형 복합레진 100%, 치면열구전색술 50%

- 적용 가능 상병명 : Z29.8 기타 명시된 예방적 조치

12. 교합조정술 (Occlusal Adjustment)

교합조정술 (1치당)		교합지를 사용하여 조기접촉이나 교두간섭부위를 선택적으로 삭제하고 재형성해서 교합력을 여러 개의 치아에 균등하게 분산시킴으로서 치주조직에 유리한 기능적 관계를 설정하는 술식
상대가치점수 45.44	진료비 4,360원	

1) 산정기준

- 교합지에 의한 교합조정 시 산정 가능하다.
- 1일 4치까지 산정 가능하다.
- 보철 후의 교합조정술은 비급여이다.
- 동일 부위에 타 처치와 동시 시행 시 산정기준
  - ◆ 교합조정술 + 치주치료 = 각각 100% 산정 가능

◆ 교합조정술 + 충전처치 또는 치수치료 = 주된 처치만 산정(교합조정술 산정 불가)

- 적용 가능 상병명 예시

◆ K05.~ 치주 상병	◆ K07.2~ 치열궁 관계 이상
◆ K07.3~ 치아의 위치 이상	◆ K07.4 상세불명의 부정교합
◆ S03.20 치아의 탈구	◆ S03.21 치아의 함입 또는 정출 등

13. 정량광형광기를 이용한 치아우식증 검사

(Detection of Caries by Quantitative Light-induced Fluorescence)

정량광형광기를 이용한 치아우식증 검사 (1구강당 1회)		치아우식증 진단보조 및 진행 여부 모니터링을 목적으로 실시하는 검사
상대가치점수 37.34	진료비 3,580원	

1) 산정기준

- 급여대상은 5세 이상 ~ 12세 이하 아동이다.
  (광중합형 복합레진 충전과 동일연령)
- 실시 간격은 구강 당 6개월 간격으로 1회 인정한다. (연 2회 급여 청구 가능)
- Qray Software와 Qraypen C가 모두 구비되어 있어야 하며, 장비신고가 필수 항목이다.
- 같은 날 동일한 목적으로 방사선 촬영과 동시 산정 불가하다.
- 치아 촬영을 하는 진단기기의 형광 사진과, 형광소실 정도를 측정하는 소프트 웨어를 사용한 판독 내용이 함께 있어야 한다.
- 적용 가능 상병명 예시
  ◆ K02.~ 치아우식 상병

2. 근관치료

전기치수반응검사, 치수절단, 응급근관처치, 발수, 근관와동형성, 근관확대, 근관성형, 근관장 측정검사, 근관세척, 근관충전, 당일발수근충, 근관 내 기존 충전물 제거, 금속재포스트제거, C형 근관

1. 전기치수반응검사 (Electric Pulpal Test)

전기치수반응검사 (1구강당 1회)		치아에 전기 자극을 주면서 신경의 실활여부 및 생활력 정도를 판단하는 검사
상대가치점수 28.6	진료비 2,750원	

1) 산정기준

- 1구강 당 1회 산정한다.
- 심평원에 장비 신고 후 산정 가능하다.
- 진료기록부에 검사 결과를 정확히 기록해야 한다.
- 적응증
  ① 외상으로 치수염 의심 시
  ② 치아변색 또는 치아파절
  ③ Vital Tooth 예후 판단, 치수염 감별진단
  ④ 치관수복물에 의한 치수염 의심 시
- 우식증, 연조직질환, 발치, 외과적 관찰 등의 치료에는 산정 불가하다.
- 적용 가능 상병명 예시
  ◆ K04.~ 치수염 상병 (K04.00 / K04.01 / K04.1)
  ◆ S02.~ 외상 관련 상병
  ◆ S03.~ 탈구 관련 상병

2. 치수절단 (Pulpotomy)

치수절단 (1치당)		치관 내 치수를 절단한 후 절단면에 약제로 보호층을 만들어 치근부 치수의 생활력을 보존하는 술식
상대가치점수	진료비	
115.82	11,120원	

1) 산정기준

- 1치당 산정한다.
- 마취 및 방사선 촬영 별도 산정 가능하다. (유치 경우 국소마취 미시행 시에도 산정 가능)
- 사용한 약제와 임시충전 비용은 행위료에 포함되어 별도 산정 불가하다.
- 치수절단 후 내원하여 F.C교환 및 임시 충전을 시행한 경우 보통처치로 산정한다.
- 치수절단과 충전을 동시 시행하는 경우 각각 100% 산정 가능하다.
- K04.7 동이 없는 근단주위농양과 같은 근단병변 상병은 적용 불가하다.
- 치근 만곡이나 근관의 폐쇄 등으로 근관치료가 어려운 경우, 근첨형성이 미완성인 경우, 유치의 근관치료에 적용 가능하다.
- 적용 가능 상병명 예시
  - ◆ K02.2 시멘트질의 우식
  - ◆ K02.8 기타 치아우식
  - ◆ K04.00 가역적 치수염
  - ◆ K04.01 비가역적 치수염

3. 응급근관처치 (Emergency Pulp Treatment)

응급근관처치 (1치당)		
상대가치점수 75.05	진료비 7,200원	급성 증상의 완화를 위해 치수강을 개방하는 술식

1) 산정기준

- 1치당 산정한다.
- 발수와 동시 시행한 경우 주된 처치인 발수로만 산정 가능하다.
- 마취 및 방사선 촬영 별도 산정 가능하다.
- 사용된 약제와 임시충전 비용은 행위료에 포함되어 별도 산정 불가하다.
- 적용 가능 상병명 예시
  - ◆ K04.4 치수기원의 급성 근단치주염
  - ◆ K04.7 동이 없는 근단주위농양

4. 발수 (Pulp Extirpation)

발수 (1근관당)		
상대가치점수 52.23	진료비 5,010원	근관 내부에 살아있는 치수나 괴사된 염증조직을 제거하는 술식

1) 산정기준

- 산정단위는 근관 당으로, 실제 시행한 근관 수 대로 산정한다.
- 유치, 영구치 모두 산정 가능하다.
- 발수 완료된 날 1회 산정하며, 발수 완료 전 일부 치수만 제거한 경우 보통처치로 산정한다.
- Barbed Broach를 사용한 경우 근관 당 1회에 한하여 산정 가능하다.
- 발수 당일에 시행한 근관세척은 별도 산정 불가하다.

- 구강내소염수술과 동시 시행한 경우 각각 100% 산정 가능하다.
- 적용 가능 상병명 예시

(※ 근관치료의 상병코드는 근관치료를 하게 된 원인 상병으로 마무리 근관충전까지 같은 코드를 사용하여 청구하는 것이 일반적임.)

◆ K02.2 시멘트질의 우식

◆ K02.5 치수노출이 있는 우식

◆ K02.8 기타 치아우식

◆ K04.~ 치수 및 치근단주위조직의 질환 상병

◆ S02.5~ 치아의 파절 상병

◆ S03.2~ 치아의 탈구 상병

- 산정 가능 재료

◆ Barbed Broach

5. 근관와동형성 (Access Cavity Preparation)

	상대가치점수	진료비
근관와동형성 - 발수한 경우 (1근관당)	68.93	6,620원
근관와동형성 - 근관내 기존 충전물 제거한 경우 (1근관당)		
Canal Orifice를 찾고 기구조작이 용이하도록 근관의 와동을 형성하는 술식		

1) 산정기준

- 단독 산정 불가하다.
- 발수 또는 근관 내 기존충전물제거와 함께 근관 당 1회 산정 가능하다.

6. 근관확대 (Root Canal Enlargement)

근관확대 (1근관 1회당)		
상대가치점수	진료비	치수조직 제거와 근관충전을 용이하게 근관을 확대하는 술식
47.59	4,570원	

1) 산정기준

- 근관당 2회까지 산정 가능하다.
- 근관확대 시 사용한 Reamer 또는 File은 1근관 당, Ni-Ti File은 1치당으로 산정한다.
- Reamer 또는 File, Ni-Ti File을 모두 사용하더라도 1종만 1회 산정 가능하다.
- 유치의 근관확대는 다음의 경우에 한하여 산정 가능하다. (고시 제2016-224호)
  - ◆ 감염된 근관인 경우
  - ◆ 영구치 교환시기가 많이 남아있는 경우

7. 근관성형 (Canal Shaping)

근관성형 (1근관 1회당)		
상대가치점수	진료비	근관세척 및 기구조작, 근관충전하기에 적합한 모양으로 근관 내 모양을 성형하는 술식
50.51	4,850원	

1) 산정기준

- 근관확대와 함께 근관당 2회까지 산정 가능하다.
- 유치는 산정 불가하다. 단, 영구치의 선천적 결손 시 사례별로 인정한다.

8. 근관장측정검사 (Root Canal Length Measuring)

근관장측정검사 (1근관 1회당)		근관장 측정기를 사용하거나 근관 내 File을 삽입 후 방사선 촬영하여 정확한 근관길이를 측정하는 술식
상대가치점수 18.09	진료비 1,740원	

1) 산정기준

- 근관당 최대 3회까지 산정 가능하다.
- 진료기록부에 측정한 근관 길이를 기록해야 한다.
- 유치의 경우 일률적인 산정은 불가하나 상황에 따라 선택적으로 산정 가능하다.

  (후속영구치가 없거나 후속영구치 교환 시기가 많이 남은 경우 등)
- 근관장 측정기구(Root-ZX 등)를 사용한 경우 건강보험심사평가원에 의료장비 신고 후 산정 가능하다.

9. 근관세척 (Root Canal Irrigation)

근관세척 (1근관 1회당)		근관확대 및 근관성형 후 잔사제거와 근관충전을 위해 근관을 세척하는 술식으로 치근막염의 처치, 구강 내 누공의 처치 및 근관 내 첨약 처치 등을 포함한 술식
상대가치점수 22.87	진료비 2,200원	

1) 산정기준

- 5회까지 인정한다. 다만, 근관치료와 관련된 잔존 통증 및 농의 배출 등과 같은 특별한 경우에는 환자상태에 따라 추가 인정한다.
- 발수 및 근관충전 당일에 시행한 근관세척은 산정 불가하다.
- 사용한 약제 및 재료대는 행위료에 포함되어 별도 산정 불가하다.
- 구강내소염수술과 동시 시행한 경우 각각 100% 산정 가능하다.

10. 근관충전 (Root Canal Filling)

단순근관충전(1근관당)		유치의 근관충전, 치근단 미완성 치아의 치근첨형성술, 영구치의 Single cone Technique에 적용하는 술식
상대가치점수	진료비	
59.34	5,700원	
가압근관충전(1근관당)		Gutta Percha cone을 이용하여 측방가압법 또는 수직가압법 등으로 근관을 완전히 밀폐하는 술식
상대가치점수	진료비	
109.26	10,490원	

1) 산정기준

- 발수와 근관세척이 없는 근관충전은 보통처치로 심사 조정되므로, 타 기관에서 근관치료 중 내원하여 본원에서 근관충전을 한 경우에는 반드시 내역설명을 기재한다.
- 사용한 약제 및 재료는 행위료에 포함되어 별도 산정 불가하다.
- 근관치료 시 사용하는 근관충전재인 MTA는 기존 재료에 비해 고가이므로 비용효과성을 감안하여 비급여로 인정한다. (고시 제2009-200호)
- 근관충전 후 충전된 상태를 확인하기 위하여 방사선 촬영을 시행하는 것이 바람직하다.
- 근관충전 당일에 충전하는 경우 각각 100% 산정 가능하다.
- 적용 가능 상병명 : 근관치료 시작 시 원인 상병으로 마무리

실무 Point !

단순근관충전의 경우

- Vitapex 또는 Calcipex를 사용하여 한달 정도 지켜보며 check할 예정이면
  => 근관세척으로 청구!
- Vitapex 또는 Calcipex를 사용하여 단순근관충전으로 종결하면
  => 단순근관충전으로 청구

11. 당일발수근충 (One Visit Endodontics)

당일발수근충 (1근관당)			
	상대가치점수	진료비	
유치 영구치	248.77 414.68	23,880원 39,810원	발수 당일 근관충전까지 모두 완료하는 술식

1) 산정기준

- 유치와 영구치로 구분하여 근관 당 산정한다.
- 발수 당일에 근관치료 및 근관충전을 완료한 경우 산정한다.
- 근관와동형성, 발수, 근관장측정, 근관확대, 근관성형, 근관세척, 근관충전의 행위 비용이 모두 포함되어 있으므로 별도 산정 불가하다.
- 마취 및 방사선 촬영은 별도 산정 가능하며, 치근단 촬영을 병행하는 것이 바람직하다.
- 사용한 Barbed broach와 Reamer 또는 File, Ni-Ti File 재료대는 별도 산정 가능하다.
- Reamer 또는 File, Ni-Ti File을 모두 사용하더라도 1종 1회만 산정 가능하다.
- 적용 가능 상병명 예시
  - ◆ K04.00 가역적 치수염
  - ◆ K04.01 비가역적 치수염
  - ◆ K04.1 치수의 괴사
  - ◆ S02.54 치수 침범이 있는 치관 파절
- 산정 가능한 재료
  - ◆ Barbed broach
  - ◆ Reamer 또는 File, Ni-Ti File (모두 사용했다면 1종만 1회 산정)

12. 근관 내 기존 충전물 제거 (Removal of Old Root Canal Filling)

<table>
<tr><td colspan="2">근관 내 기존 충전물 제거 (1근관당)</td><td rowspan="2">이미 근관충전이 완료된 치아의 재근관 치료 시
근관 내 기존 충전물을 제거하는 술식</td></tr>
<tr><td>상대가치점수
143.99</td><td>진료비 13,820원</td></tr>
</table>

1) 산정기준

- 근관와동형성과 함께 근관 내 기존 충전물 제거 시 근관 당 1회 산정 가능하다.
- 실제 제거한 근관 수대로 산정한다.
- 방사선 촬영 및 마취는 별도 산정 가능하다.
- 발수와 Barbed broach는 산정 불가하다.
- 근관 내 기존 충전물 제거는 근관세척과 동시 산정 가능하다.
- 재근관치료 과정 중 근관확대 시 사용한 Reamer 또는 File, Ni–Ti File은 1종만 1회 산정 가능하다.
- 근관치료 완료 후 재근관치료 시 기간 상관없이 100% 산정 가능하다.
  - · 1개월 이내 : 재진 + 근관와동형성 100% + 근관내기존충전물제거 100% + 행위료 100% + 재료대 100%
  - · 1개월 이후 : 초진 + 근관와동형성 100% + 근관내기존충전물제거 100% + 행위료 100% + 재료대 100%
- 동일 부위에 타 처치와 동시 시행 시 산정기준

치관수복물 또는 보철물 제거+근관내기존충전물 제거	100 : 100
치관수복물 또는 보철물 제거+금속재포스트제거+근관내기존충전물 제거	100 : 100 : 50

- 적용 가능 상병명 예시
  - ◆ K04.5 만성 근단치주염
  - ◆ K04.62 구강으로 연결된 동이 있는 근단주위농양
  - ◆ K04.7 동이 없는 근단주위농양

13. 금속재 포스트 제거 (Removal of Metallic Post)

금속재 포스트 제거 (1근관당)		근관 내에 있는 금속재 포스트를 제거하는 행위로 근관치료 후 세균감염 등으로 재근관치료를 하기 위해 시행하는 술식
상대가치점수	진료비	
167.51	16,080원	

1) 산정기준

- 재근관치료를 위해 근관내의 post를 제거한 경우 산정한다.
- 캐스팅포스트, 기성포스트를 제거하는 경우 산정한다.
- 동일치아에 치관수복물 제거 및 금속재 포스트 제거와 근관내 기존충전물 제거 시행 시 치관수복물 제거와 금속재 포스트 제거는 각각 100% 산정하고, 근관내 기존충전물 제거는 50% 산정한다.

14. C형 근관

행위		상대가치점수	진료비
발수 (1근관당)		73.13	7,020원
근관와동형성	발수한 경우 (1근관당)	96.51	9,260원
	근관내 기존 충전물 제거한 경우 (1근관당)	96.51	9,260원
근관확대 (1근관당)		66.62	6,400원
근관성형 (1근관당)		70.71	6,790원
근관장측정검사 (1근관당)		25.32	2,430원
근관세척 (1근관 1회당)		32.03	3,070원
근관충전	가압근관충전(1근관당)	152.96	14,680원
당일발수근충 (1근관당)		580.55	55,730원
근관 내 기존 충전물 제거 (1근관당)		201.58	19,350원

※ C형 근관 치아 근관치료의 급여 기준 신설(2022.05.01.)

1) 산정기준

- 급여 대상 : C형 근관을 가진 영구치를 대상으로 한다.
- 근관 위치 및 형태 등 의사의 소견을 기록한다.
- 근관 충전 후 방사선 영상자료를 반드시 보관해야 한다.
- 치료 실패 경우 근관치료 중 촬영한 영상으로 갈음한다.
- C형 근관을 가진 영구치 중 상악제2대구치, 하악제1소구치, 하악제2대구치가 아닌 치아의 요양급여 청구 시 진료기록부 및 영상자료 등 증빙자료를 첨부하여 제출하여야 한다.
- 각 행위 별 산정기준은 기존 근관 치료 행위 산정기준과 같다.
- 적용가능 상병명의 경우 기존 근관 치료 행위 상병명과 같다.
- 적용 가능 상병명 예시
  - ◆ K04.00 가역적 치수염
  - ◆ K04.01 비가역적 치수염
  - ◆ K04.1 치수의 괴사
  - ◆ S02.54 치수 침범이 있는 치관 파절

3. 구강외과치료

유치발치, 단순발치, 난발치, 매복치, 과잉치, 발치와 재소파술, 치조골성형수술, 골융기절제술, 구강내소염수술, 치은판 절제술, 협순소대성형술, 설소대성형술, 구강내열상봉합술, 구강외열상봉합술, 치아재식술, 탈구치아정복술, 치근단절제술, 치근낭 적출술, 치은 · 치조부병소 또는 종양 절제술, 구강내 종양 적출술, 수술용 스플린트, 상고정장치술, 악간고정술, 치간고정술, 고정장치의 제거, 수술 후 처치

*______ : 2급

1. 유치발치 (Deciduous Tooth Extraction)

유치발치 (1치당)		
상대가치점수 33.33	진료비 3,200원	영구치가 맹출하며 유치 치근을 흡수하여 유치 치관부가 흔들려 제거하는 술식

1) 산정기준

- 유전치와 유구치를 구분하지 않고 산정한다.
- 유치의 치근흡수 상태나 영구치의 위치 확인을 위한 방사선 촬영 시 산정 가능하다.
- 마취 시행 시 산정 가능하다. 단, 하악 유구치부는 전달마취 산정 가능하나, 상악 유구치부는 전달마취 산정 불가하다.
- 유치 발치 시 후속 영구치 손상을 방지하고 심부에 있는 잔존치근을 제거하기 위해 치근분리술 시행 시 난발치로 산정한다. (내역설명 필요)
- 적용 가능 상병명 예시
    - ◆ K00.63 잔존유치
    - ◆ K00.68 기타명시 된 치아맹출의 장애

2. 단순발치 (Simple Extraction)

단순발치 (1치당)			
구분	상대가치점수	진료비	치아우식이나 치주질환 등의 원인으로 영구치를 제거하는 술식
전치	67.15	6,450원	
구치	110.17	10,580원	

1) 산정기준

- 전치발치와 구치발치로 구분하여 산정한다.
- 진단을 위한 방사선 촬영과 마취는 산정 가능하다.
- 잔존치근의 단순발치나 사랑니의 단순발치도 이에 해당된다.
- 교정치료를 목적으로 시행한 발치는 비급여 대상이므로 산정 불가하다. 다만, 교정치료 중에 매복치, 치관주위염, 치아우식증 등 질병으로 인한 발치는 급여 산정 가능하다.
- 근관치료 중 또는 근관치료 후에 예후 불량이나 치아 파절로 발치를 할 경우 이전 처치료는 각각 100% 인정된다. (내역설명 필요)
- 발치 후 시행한 봉합술은 발치 수가에 포함되어 별도 산정 불가하다.
- 술 후 Dressing 및 봉합사 제거(S/O)하는 경우, 수술후 처치(가. 단순처치)로 산정한다.
- 발치술과 동시에 실시된 치관수복물 또는 보철물의 제거는 별도로 인정되지 않는다. 다만, 수복물 및 보철물을 제거하여 상태 확인 후 발치가 순차적으로 이루어진 경우 각각의 소정점수를 산정한다.
- 동일 부위에 타 처치와 동시 시행 시 산정기준
  - ◆ 발치 + 치조골성형수술 = 높은 수가 100%, 낮은 수가 50%
- 적용 가능 상병명 예시 (발치를 하는 주원인 상병 적용)
  - ◆ K02.2 시멘트질의 우식
  - ◆ K05.31 만성복합치주염
  - ◆ S02.56 치관-치근파절 등

당뇨환자에게 관혈적 시술 또는 발치 전에 간이(스틱형) 혈당측정기를 이용하여 혈당을 측정한 경우 : **당검사(반정량) 행위 산정 가능**

3. 난발치 (Complicated Extraction)

난발치 (1치당)		치근비대, 치근만곡, 골유착 등으로 단순발치가 어려워 치근 분리술을 시행하여 치아를 제거하는 술식
상대가치점수 240.73	진료비 23,110원	

1) 산정기준

- 전치발치와 구치발치를 구분하지 않고 산정한다.
- 치근비대, 치근만곡, 골유착 등으로 치근분리술을 시행하여 발치한 경우 산정 가능하고 진료기록부 작성 및 내역설명 기재를 필요로 한다.
- 봉합사 산정은 불가하고 Burr를 사용하여 치아분리술을 시행한 경우 Burr(가)로 별도 산정 가능하다.
- 술 후 Dressing 및 봉합사 제거(S/O)하는 경우, 수술후 처치(가. 단순처치)로 산정한다.
- 일률적으로 방사선 촬영 및 수술 후 처치 없이 시행한 난발치는 심사 조정될 수 있다.
- 유치의 난발치 인정기준은 다음과 같다. (내역설명 필요)
  - ◆ 후속 영구치 손상의 위험을 방지하기 위하여 치아를 분리하여 발치한 경우
  - ◆ 심부의 유치 잔근치를 제거할 목적으로 치근 분리술을 시행할 경우
- 동일 부위에 타 처치와 동시 시행 시 산정기준
  - ◆ 난발치 + 치조골성형수술 = 높은 수가 100%, 낮은 수가 50%
- 적용 가능 상병명 예시
  - ◆ K03.5 치아의 강직증
  - ◆ K00.44 만곡치
  - ◆ K00.20 거대치

[심사사례] 인정기준 외 '난발치' 불인정

· 심의결과

○ 만성치주염 상병명으로 난발치 청구하면 인정되지 않고 단순발치로 심사조정

(2016. 11. 24.)

4. 매복치 발치(Impacted Tooth Extraction)

분류	상대가치점수	진료비	설명
단순매복 (1치당)	363.23	34,870원	피막 또는 점막 절개 후 발치
복잡매복 (1치당)	645.29	61,950원	피막 또는 점막 절개 및 치아 분리술
완전매복 (1치당)	887.27	85,180원	치관 2/3이상이 치조골 내에 매복되어 골 삭제와 치아 분리술을 동시 시행

1) 산정기준

- 반드시 방사선 촬영이 병행되어야 한다. 방사선 촬영 없는 매복치 발치는 난발치로 심사 조정될 수 있다.
- 이전에 촬영한 방사선 사진을 참고하여 발치 시 재진료로 산정과 함께 내역설명 기재가 필요하다.
- Burr를 사용하여 치아분리술 또는 골삭제를 시행한 경우 Burr(가)로 별도 산정 가능하다.
- 술 후 Dressing 및 봉합사 제거(S/O)하는 경우, 수술후 처치(가. 단순처치)로 산정한다.
- 발치는 치아의 전부를 발치한 경우에 산정한다.
- 동일 부위에 타 처치와 동시 시행 시 산정기준
  - ◆ 매복치 발치 + 치조골성형수술 = 치조골성형수술은 별도 산정 불가
- 치수염, 치아우식증 등의 상병으로 매복치 발치 산정은 산정 적용 착오이다.
- 파노라마 상에서 매복치 치근이 하치조신경관(또는 상악동)과 겹쳐 보여 확인을 위해 Cone Beam CT촬영(일반)으로 청구 가능하며 내역설명이 필요하다.

  예) 하치조신경관(또는 상악동)과 겹쳐 보여 확인을 위하여 촬영 후 매복치 발치함
- 적용 가능 상병명 예시
  - ◆ K01.163 상악 제3대구치의 매복
  - ◆ K01.173 하악 제3대구치의 매복
  - ◆ K01.18 과잉 매복치 및 K01.10 ~ K01.15 등(절치 ~ 소구치 매복)

5. 과잉치 발치

1) 산정기준

- 과잉치는 해당 치아번호가 없으므로 과잉치가 위치하는 인접 부위를 표시하고, 과잉치의 매복 정도와 발치 난이도에 따라 해당 발치료를 산정한다.
- 매복과잉치의 경우 매복 정도 및 상태를 파악하기 위해 방사선 촬영이 반드시 병행되어야 한다.
- 적용 가능 상병명 예시
    - ◆ K00.10 절치 및 견치 부위 과잉치
    - ◆ K00.11 소구치 부위 과잉치
    - ◆ K00.12 대구치 부위 과잉치
    - ◆ K01.18 과잉 매복치 등

6. 발치와 재소파술 (Recurettage of Extracted Socket)

발치와재소파술 (1구강당 1회)		발치 후 발치와가 감염 등의 원인으로 정상적인 치유과정을 나타내지 못하고, 심한 동통과 건와염이 발생된 경우 감염조직 제거 후 정상적인 치유를 도모
상대가치점수	진료비	
120.29	11,550원	

1) 산정기준

- 일반적으로 마취하에 시행하는 것을 원칙으로 한다.
- 발치 당일에는 산정할 수 없다.
- 유치에는 산정할 수 없다.
- 방사선 촬영 산정 가능하다.
- 타 기관에서 발치 후 내원한 경우도 산정 가능하다. (진료기록부 작성 및 내역설명 필요)
- 일반적으로 1회만 산정 가능하며 2회 이상 산정하는 경우 자세한 진료기록부 작성과 내역설명 기재와 함께 산정한다.

– 발치와 재소파술 후 상태 확인이나 Dressing 시 수술후 처치(가)로 2~3회 청구 가능하다.

– 적용 가능 상병명 예시

◆ K10.3 턱의 치조염

7. 치조골 성형수술 (Alveoloplasty)

치조골성형수술 (1치당)		발치 후 남아있는 치조골의 예리한 골편 등 이상 융기된 치조골을 제거하고 성형하는 술식
상대가치점수	진료비	
131.3	12,600원	

1) 산정기준

– 전치와 구치 구분없이 산정 가능하며, 무치악인 경우 해당 부위의 치식을 선택한다.

– 의치제작을 위한 치조골성형수술도 산정 가능하다.

– Burr를 사용한 경우 별도 산정 가능하다. (Burr(가))

– 보험으로 등재된 봉합사를 사용한 경우 재료신고 후 봉합사를 별도 산정 가능하다.

– 치조골성형수술 후 Dressing은 수술후처치 (가)로 산정한다.

– 발치 후 일정 기간 경과 후 치조골 성형수술 시행 시 각각 100% 산정 가능하다.

– 동일 부위에 타 처치와 동시 시행 시 산정기준

◆ 치조골성형수술 + 발치 = 높은 수가 100%, 낮은 수가 50%

– 단순발치 50% + 치조골성형수술 100%

– 난발치 100% + 치조골성형수술 50%

◆ 치조골성형수술 + 치은박리소파술 = 치조골성형수술은 별도 산정 불가

(치조골성형수술 비용은 치은박리소파술(복잡) 행위의 소정금액에 포함)

◆ 치조골성형수술 + 매복치 발치 = 치조골성형수술은 별도 산정 불가

[심사사례] 차41마 매복발치술과 동시에 실시한 차43 치조골성형수술 인정여부

· 심의결과

○ 동일부위에 매복발치와 동시 시행한 차43 치조골성형수술은 주된 수술의 일련의 과정으로 판단되어 인정하지 아니함(2016.9.7.)

– 적용 가능 상병명 예시

◆ K08.81 불규칙한 치조돌기 등

(단, 발치와 함께 시행한 경우 발치의 상병명 그대로 적용이 가능하다.)

8. 골융기절제술(Excision of Torus)

골융기절제술	상대가치점수	진료비
가. 하악 설측 또는 상악 협측 골융기 절제	457.73	43,940원
나. 구개골융기절제	420.08	40,330원

상악 구치부 협측, 하악 설측부 및 상악 구개부에 발생하는 양성 골중심으로 치조골이 아닌 기저골에 발생하는 외골종에 대하여 시행하는 절제술 및의치의 장착을 위하여 치조골의 언더컷을 제거할 목적 또는 상악 구개부 의치의 접합도를 높이기 위하여 골융기 부위를 절제하는 술식

1) 산정기준

– 넓게 분포된 골융기 부분을 절제하였더라도 소정수가만 산정할 수 있다.

– 구개골융기절제의 경우 부종을 막는 행위의 상고정장치술과 동시 산정 가능하다.

– 골융기절제술 후 Dressing은 '수술 후 처치(가)'로 산정한다.

– Burr를 사용하여 시행한 경우 'Burr(나)' 항목으로 별도 산정 가능하다.

– 보험으로 등재된 봉합사를 사용한 경우 재료신고 후 봉합사를 별도 산정할 수 있다.

– 의치 장착에 장애가 되어 제거하는 경우에도 산정 가능하다.

– 동일 부위에 타 처치와 동시 시행 시 산정기준

◆ 구개골융기절제술 + 상고정장치술 = 각각 100% 산정

– 적용 가능 상병명 예시

◆ K08.80 기타 명시된 치아 및 지지구조

◆ K10.0 턱의 발달장애

치과 관련 수술에 사용하는 Burr, Saw 등 절삭기류 산정방법(2010.1.1.~)

▶ 산정방법

- 2가지 이상 수술을 동시에 시술한 경우 동일 피부 절개 하 수술은 주된 수술에 해당되는 치료재료비용(정액수가)만 1회 산정한다.
- 치과의 치아 당 (또는 1/3악 당) 시술이 각각 발생하는 경우 주된 수술에 해당되는 치료재료비용(정액수가)을 1회만 산정한다.
- 15일 이내 재수술의 경우 Burr, Saw 등 절삭기류를 사용한 재수술인 경우에만 치료재료비용(정액수가)을 1회 별도 산정토록 한다.

▶ 청구 Tip

- 치과 관련 외과처치 및 수술에 치아삭제와 골삭제 시 사용된 수술용 버는 산정 가능한 항목에 대하여 별도 산정 가능하다.
- 진료 시 사용한 Burr는 놓치지 말고 진료기록부에 기록 후 산정하도록 한다.
- 대부분 치과 관련 외과처치 및 수술에는 Burr만 산정 가능하나 치조골성형수술과 골융기 절제술은 Burr와 봉합사 모두 산정 가능하다.
- 1일 1회 산정 가능하여 #18, #48 완전매복치발치 시 사용한 Burr는 횟수 '1'로 산정해야 한다.

가. 발치, 치근 치조골성형수술 등 (N0051018) – 6,980원

발치술 [1치당] 난발치

발치술 [1치당] 단순매복치

발치술 [1치당] 복잡매복치 (치아분할술을 실시한 경우)

발치술 [1치당] 완전매복치 (치관의 2/3이상 치조골 내 매복된 치아의 골절제와 치아분할술을 동시에 시행한 경우)

치조골성형수술 [1치당]

치근낭적출술 (½치관 크기 이상)

치근낭적출술 (1치관 크기 이상)

치근낭적출술 (2치관 크기 이상)

치근낭적출술 (3치관 크기 이상)

치근단절제술 [1치당] [치근단 폐쇄비용 포함] – 전치

치근단절제술 [1치당] [치근단 폐쇄비용 포함] – 구치

치과임플란트 제거술[1치당] – 복잡

나. 절제, 적출, 골수염수술 등 (N0051019) – 39,980원

악골수염수술 (치조부에 국한된 경우)

악골수염수술 (편측악골의 ⅓ 미만의 범위)

악골수염수술 (편측악골의 ⅓ 이상의 범위)

법랑아세포종적출술 (편측악골 ⅓ 미만)

법랑아세포종적출술 (편측악골 ⅓ 이상 ~ ½ 미만)

법랑아세포종적출술 (편측악골 ½ 이상)

골융기절제술 (하악 설측 또는 상악 협측 골융기절제)

골융기절제술 (구개골융기절제)

부정유합된 하악골 절골 교정술

다. 관혈적정복술 등 (N0051020) – 28,070원

치조골 골절 관혈적정복술 (2치 이하)
치조골 골절 관혈적정복술 (3치 이상)
두개 안면 현수고정술
악골내 고정용 금속제거술 (악골내 강선 고정의 제거)
악골내 고정용 금속제거술 (소형금속관의 제거)
악골내 고정용 금속제거술 (재건용금속관제거, 악골 ½ 이상의 크기에 달한 것)
악골내 고정용 금속제거술 (재건용금속관제거, 악골 ½ 미만의 크기인 것)
악골에 삽입한 금속핀이나 금속정 등을 간단히 제거
조직유도재생술 (골이식을 동반한 경우 – 자가골 이식의 경우 [채취포함])

9. 구강내소염수술 (Incision and Drainage)

분류	상대가치점수	진료비
가. 치은농양, 치관주위농양 절개 등	107.30	10,300원
나. 치조농양 또는 구개농양의 절개 등	111.44	10,700원
다. 설 또는 구강저농양 [이하극, 설하극, 악하극농양 등]	260.50	25,010원
라. 악골골염, 악골골수염 등	251.02	24,100원

구강 내 농양이나 고름이 생겨 절개 또는 절제 후 배농하는 술식

1) 산정기준

- 간단한 구강 내 연조직 질환 처치는 기본 진료로 산정한다.
- 방사선 촬영, 마취, 수술후처치가 없는 구강내소염수술은 심사 조정될 수 있다.
- 구강내소염수술 후 Dressing 및 봉합사 제거(S/O) 시행은 수술후 처치(가)로 산정한다.
- 다발성 농양으로 당일에 2개소 이상 부위에 구강내소염수술을 동시에 시행한 경우 상, 하, 좌, 우로 구분하여 주된 부위 100%, 그 이외 부위 50%로 산정하되

당일 최대 200%까지 인정한다.

- 동일부위에 재시행한 경우 기간에 상관없이 100% 산정 가능하다.
- 보험으로 등재된 봉합사를 사용한 경우 재료신고 후 봉합사를 별도 산정할 수 있다.
- 구강내소염수술은 절개 및 배농이다. 절개를 하지 않고 탐침이나 큐렛으로 배농한 경우에는 산정할 수 없다. 그러므로 시술 내용은 진료기록부에 기록해야 한다.
- '동이 있는 ~'의 상병명은 적절하지 않다.
- 동일 부위에 타 처치와 동시 시행 시 산정기준
  - ◆ 구강내소염수술 + 발수&근관와동형성 = 각각 100% 산정 가능
  - ◆ 구강내소염수술(절개 시) + 근관세척 = 각각 100% 산정 가능
  - ◆ 구강내소염수술 + 치석제거 = 각각 100% 산정 가능
  - ◆ 구강내소염수술 + 응급근관처치 = 각각 100% 산정 가능
  - ◆ 구강내소염수술 + 발치 = 발치만 100%
- 만성 상병과 동이 있는 상병명은 산정 불가하다.
- 적용 가능 상병명 예시
  - ◆ K04.7 동이 없는 근단주위 농양
  - ◆ K05.20 동이 없는 잇몸 기원의 치s주농양

10. 치은판절제술 (Operculectomy)

치은판절제술 (1구강당 1회)		치아의 맹출유도 또는 치관 부위를 덮고 있는 치은판을 제거하거나 지치주위염으로 인한 비대한 치은의 절제 또는 치은폴립을 부분 절제하는 술식
상대가치점수 51.52	진료비 4,950원	

1) 산정기준

- 치은조직절제를 다음과 같이 시행한 경우 치은판 절제술로 산정한다. [고시 제 2016-30호]
  - ※ 치은판절제술 적응증
  - ◆ 오래된 치아우식 와동 상방으로 증식된 치은식육 제거를 한 경우
  - ◆ 파절된 치아 상방으로 증식된 치은식육 제거를 한 경우

◆ 치아맹출을 위한 개창술을 시행한 경우

◆ 부분 맹출치아 또는 유치의 우식치료를 위한 치은판을 제거한 경우

◆ 급성 또는 만성 지치주위염 치아의 치관 상방을 덮고 있는 치은판을 제거한 경우

- 당일 여러 개의 치아에 시행한 경우라도 구강당으로 1회 산정 가능하다.
- 치은판절제술 후 Dressing은 수술후 처치(가)로 산정한다.
- 동일 부위에 타 처치와 동시 시행 시 산정기준

◆ 발치+ 치은판절제술 = 발치만 100%

- 적용 가능 상병명 예시

◆ K05.11 만성 증식성 치은염

◆ K05.22 급성 치관주위염

◆ K05.32 만성 치관주위염

◆ K06.18 기타 명시된 치은 비대

◆ K00.68 기타 명시된 치아 맹출의 장애

11. 협순소대성형술 (Buccal and Labial Frenectomy)

협순소대성형술 (각 소대마다 산정)			
	상대가치점수	진료비	틀니 장착 등에 방해가 되거나 정중 치간이개의 원인이 되는 소대를 절제하는 술식
간 단	133.15	12,780원	
복 잡	312.33	29,980원	

1) 산정기준

- 간단한 절제만 이루어진 경우는 협순소대성형술(간단)로 산정한다.
- 소대 절제 후 개창하거나, Z-plasty 또는 Y-plasty 등의 절개와 부가적인 연조직 처치 등을 필요로 하는 경우는 협순소대성형술(복잡)으로 산정한다.
- 보험으로 등재된 봉합사를 사용한 경우 재료신고 후 봉합사를 별도 산정할 수 있다.
- 적용 가능 상병명 예시

◆ Q38.00 비정상 구순소대

12. 설소대성형술(Lingual Frenectomy)

설소대성형술			설소대 단축으로 인한 수유곤란, 발음장애, 치아 부정 교합 등이 확인되어 수유능력의 향상, 혀 운동성 향상, 발음 정확도 개선을 목적으로 이를 절개 또는 절제하는 술식
	상대가치점수	진료비	
간 단	494.36	47,460원	
복 잡	920.38	88,360원	

1) 산정기준

- 간단한 절제만 이루어진 경우는 설소대성형술(간단)으로 산정한다.
- 소대 절제 후 개창을 행하거나, Z-plasty 또는 Y-plasty 등의 절개와 부가적인 연조직 처치 등을 필요로 하는 경우는 설소대성형술(복잡)으로 산정한다.(내역설명 필요)
- 보험으로 등재된 봉합사를 사용한 경우 재료신고 후 봉합사를 별도 산정할 수 있다.
- 적용 가능 상병명 예시
  - ◆ Q38.1 설유착증

13. 구강내열상봉합술 (Closure of Intraoral Laceration)

구강내열상봉합술			
		상대가치점수	진료비
가. 치은, 구강전정, 협부	2.5 Cm 이하	146.02	14,020원
	2.5 Cm 초과	407.43	39,110원
나. 혀, 구강저, 구개부	2.5 Cm 이하	475.09	45,610원
	2.5 Cm 초과	547.85	52,590원
외상으로 인하여 구강 내 열상이 발생하거나 점막의 혈관 손상 등으로 출혈이 계속되는 경우로 이를 봉합하는 술식			

1) 산정기준

- 열상으로 봉합한 부위의 인접 치식을 선택하여 산정한다.
- 동일부위에 다발성 열상을 입은 경우 총 길이를 합산하여 1회만 산정한다.
- 보험으로 등재된 봉합사를 사용한 경우 재료신고 후 봉합사를 별도 산정할 수 있다.

– 적용 가능 상병명 예시

◆ S01.51 볼점막의 열린 상처

◆ S01.52 잇몸의 열린 상처

◆ S01.54 구개의 열린 상처 등

14. 구강외열상봉합술(Closure of Extraoral Laceration)

		상대가치 점수	진료비
구강외 열상봉합술	※ 제 9장[자-2] 창상봉합술에 의하여 산정		
	가. 안면 또는 경부 Face or Neck		
	(1) 단순봉합 Simple Suture		
	(가) 표재성인것		
	① 길이 1.5cm 미만	332.2	31,890원
	② 길이 1.5cm 이상~3.0cm 미만	465.08	44,650원
	③ 길이 3.0cm 이상~5.0cm 미만	604.6	58,040원
	④ 길이 5.0cm 이상~7.5cm 미만	725.52	69,650원
	⑤ 길이 7.5cm 이상~10.0cm 미만	870.63	83,580원
	(나) 근육에 달하는 것		
	① 길이 1.5cm 미만	585.64	56,220원
	② 길이 1.5cm 이상~3.0cm 미만	676.74	64,970원
	③ 길이 3.0cm 이상~5.0cm 미만	767.84	73,710원
	④ 길이 5.0cm 이상~7.5cm 미만	921.41	88,460원
	⑤ 길이 7.5cm 이상~10.0cm 미만	1105.7	106,150원
외상으로 인한 구강 외 창상 봉합을 시행하는 술식			

1) 산정기준

– 입술의 창상에 대한 봉합은 창상봉합술 '가. 안면 또는 경부'의 해당항목으로 산정한다.

– 구강외열상봉합술은 해당 치아번호가 없으므로 인접한 치아의 치식으로 표시한다.

– 구강외열상봉합술 후 Dressing은 '수술후 처치(가)'로 산정한다.

– 의과 항목에 대해서는 치과 마취 행위료(전달, 침윤 등)는 산정 불가하다. 단, 리도카인과 의약품관리료는 산정 가능하다.

– 보험으로 등재된 봉합사를 사용한 경우 재료신고 후 봉합사를 별도 산정할 수 있다.

– 적용 가능 상병명 예시

◆ S01.40 볼의 열린 상처

◆ S01.41 상악부의 열린 상처

◆ S01.42 하악부의 열린 상처

◆ S01.48 기타 및 여러 부위의 열린 상처

◆ S01.50 입술의 열린 상처

◆ S01.58 입술 및 구강의 기타 및 여러 부분의 열린 상처

15. 치아재식술 (Replantation)

치아재식술 (1치당)		외상이나 사고로 인하여 치조골 내에서 완전 탈구된 치아를 치조골 내로 원위치시키는 술식
상대가치점수	진료비	
378.14	36,300원	

1) 산정기준

– 치아재식술 후 Dressing은 수술후 처치(가)로 산정한다.

– 동일 부위에 타 처치와 동시 시행 시 산정기준

◆ 치아재식술 + 근관치료 = 각각 100% 산정

◆ 치아재식술 + 고정술 = 각각 100% 산정

◆ 치아재식술 + 고정술 + 근관치료 = 각각 100% 산정

– 치아를 발거하고 치근단 부위의 염증을 제거한 후 치아재식을 시행한 경우는 의도적 재식술로서 급여 산정 가능하며, 반드시 방사선 사진 촬영이 동반되어야 한다.

– 제 3대구치를 발거하여 다른 위치에 이식하는 자가치아이식술은 비급여 항목이므로 산정 불가하다. (비급여)

– 적용 가능 상병명 예시

◆ S03.22 완전 탈구

◆ K04.5 만성 근단치주염

☞ 의도적 재식술이란?

치근단절제술을 할 수 없을 만큼 병소가 크거나 치근단절제술 이후 예후가 좋지 않을 때 최후의 수단으로 발치하여 치아 뿌리와 신경관 주위의 고름을 긁어내고 병소를 제거한 후 치아를 다시 심는 술식

16. 탈구치아정복술(Reduction of Luxated Teeth)

탈구치아정복술 (1치당)		외상으로 인하여 치아가 완전히 빠지지 않고 치조와 또는 치조골 내에서 위치가 변하여 탈구된 치아를 제 위치에 정복시키는 경우 시행하는 술식
상대가치점수 125.81	진료비 12,080원	

1) 산정기준

- 탈구치아정복술 후 Dressing은 수술 후 처치(가)로 산정한다.
- 동일 부위에 타 처치와 동시 시행 시 산정기준
  - ◆ 탈구치아정복술 + 근관치료 = 각각 100% 산정
  - ◆ 탈구치아정복술 + 고정술 = 각각 100% 산정
- 적용 가능 상병명 예시
  - ◆ S03.20 치아의 아탈구
  - ◆ S03.21 치아의 함입 또는 정출

17. 치근단절제술 (Apicoectomy)

치근단절제술 (1치당)			치근단 병변으로 인해 근관치료만으로 해결되지 않는 치아로 치근첨을 외과적으로 절단하는 술식
	상대가치점수	진료비	
전치	399.89	38,390원	
구치	544.48	52,270원	

1) 산정기준

- 전치, 구치로 구분하여 산정한다.
- 방사선 촬영이 병행되어야 하며, 유치에는 산정할 수 없다.
- 치근단절제술 시행하는 치근단 폐쇄는 행위료에 포함되므로 별도로 산정할 수 없다.
- Burr를 사용한 경우 Burr(가)로 산정 가능하며, 봉합사는 별도 산정 불가하다.
- 치근단절제술 후 Dressing은 수술후 처치(가)로 산정한다.
- 동일 부위에 타 처치와 동시 시행 시 산정기준
  - ◆ 치근단절제술 + 근관충전 또는 당일발수근충 = 각각 100% 산정
  - ◆ 치근단절제술 + 치근낭적출술 = 높은수가 100%, 낮은 수가 50%

– 적용 가능 상병명 예시

◆ K04.7 동이 없는 근단주위 농양

◆ K04.62 구강으로 연결된 동이 있는 근단주위농양

◆ K04.8~ 치아뿌리낭 관련 상병명

18. 치근낭적출술(Radicular Cyst Enucleation)

	분류	상대가치점수	진료비
치근낭 적출술	가. 1/2치관 크기 이상	293.76	28,200원
	나. 1치관 크기 이상	358.47	34,410원
	다. 2치관 크기 이상	468.81	45,010원
	라. 3치관 크기 이상	1652.38	158,630원
염증의 후유증으로 치근 주위에 형성된 낭을 제거하는 술식			

1) 산정기준

– 단일 낭종의 경우 낭종의 크기에 따라 해당 항목을 산정한다.

– 상 · 하 · 좌 · 우에 분포된 다발성 낭종의 경우 신경, 혈관의 분포상황을 감안한 수술의 난이도에 따라 산정한다.

가. 동일절개선하에 수술 시행 시 → 제1수술 부위 100%, 제2수술부터는 50%로 산정

나. 서로 다른 절개선하에 수술 시행 시 → 각각 소정수가의 100%를 산정

– 반드시 방사선 촬영이 필요하다.

– 치근낭적출술 '다', '라'의 경우 후처치는 '수술후 처치(나)'항목으로 산정한다.

– Burr를 사용하여 시행한 경우 Burr(가) 항목으로 별도 산정 가능하다.

– 봉합사는 별도 산정 불가하다.

– 치근단절제술, 치근낭적출술 등의 수술 후 치조골 결손부에 골이식을 시행한 경우 자가골 이식술 없이 합성골만을 사용하였을 경우에는 최대 3cc (2.5g) 범위 내에서 골결손의 크기에 따라 실사용량을 인정토록 하고 있으나, 골결손의 크기가 비교적 작아 자연 치유가 가능한 경우도 있으므로, 골 대체물질은 최소한 직경 1cm 이상의 골 결손이 있는 경우에 인정하되, 1cm 미만의 골 결손이 있다 하더라도 다음과 같은 경우에는 인정한다.

① 협측과 설측골이 모두 소실된 관통병소가 있는 경우

② 근단부 병변과 치주염이 혼재된 경우

③ 치조골결손이 근단부에서 치경부까지 전개되어 치근이 노출된 열개 결손의 경우

– 동일 부위에 타 처치와 동시 시행 시 산정기준

◆ 발치 or 치근단절제술 + 치근낭적출술 = 높은수가 100%, 낮은 수가 50%

– 적용 가능 상병명 예시

◆ K04.8~ 치아뿌리낭 관련 상병명

[심사사례] 치근단절제술, 치근낭적출술 등의 수술 후 치조골결손부에 골이식(합성골만)경우

· **심사기준**

○ 자가골 이식술 없이 합성골만을 사용하였을 경우에는 최대 3cc(2.5g) 범위 내에서 골결손의 크기에 따라 실사용량을 인정토록 하고 있으나, 골결손 크기가 비교적 작아 자연치유가 가능한 경우도 있으므로, 골대체물질은 최소한 직경 1cm 이상의 골결손이 있는 경우에 인정하되 1cm 미만의 골결손이 있다 하더라도 다음과 같은 경우에는 인정한다.

① 협측과 설측골이 모두 소실된 관통병소가 있는 경우

② 근단부 병변과 치주염이 혼재된 경우

③ 치조골결손이 근단부에서 치경부까지 전개되어 치근이 노출된 열개결손의 경우

19. 치은, 치조부 병소 또는 종양 절제술

(Excision of Lesion or Benign Tumor of Gingiva or Alveolar Portion)

치은, 치조부 병소 또는 종양 절제술(Epulis포함)		치은 또는 치조점막의 증식, 연조직의 거대세포종, 임신 중 나타나는 임신성 종양, 의치의 자극으로 나타나는 치은증식, 섬유종 등 치은이나 치조점막부에 발생한 종양 등을 절제하는 술식
상대가치점수	진료비	
411.15	39,470원	

1) 산정기준

- 마취 별도 산정 가능하다.
- 보험으로 등재된 봉합사를 사용한 경우 재료신고 후 봉합사를 별도 산정할 수 있다.
- 수술 후 Dressing은 '수술후 처치(가)'로 산정한다.
- 레이저를 이용하여 시술한 경우 소정점수만 산정 가능하다.
- 적용 가능 상병명 예시
  ◆ K06.23 무치성 융선의 자극성 증식증[의치성 증식증]
  ◆ K13.4~13.7 구강점막 관련 상병명
  ◆ D10.3 기타 및 상세불명 입 부분의 양성 신생물 등

20. 구강내 종양 적출술(Removal of Tumor in Oral Cavity)

	구분	상대가치점수	진료비
구강내 종양 적출술	가. 양성(Benign-지방종/두꺼비종) 주: 구강저 병소 제거 시에는 1,784.2점을 산정한다.	1,249.6 1,784.2	119,960원 171,280원
	나. 유두종(Papilloma-사마귀) 등을 간단하게 제거한 경우 주: 구강저 병소 제거 시에는 1,049.81점을 산정한다.	777.72 1,049.81	74,660원 100,780원
	다. 악성[림프절 청소 포함] Malignant 주: 구강저 병소제거 시에는 11,485.21점을 산정한다.	9238.53 11,485.21	886,900원 1,102,580원

입술, 협점막, 혀, 구강저 등 구강내 생긴 양성 또는 악성 종양 병소를 제거하는 술식

1) 산정기준

- 혀 부위의 용종을 CO_2 laser를 이용하여 제거한 경우의 수기료는 구강내종양 적출술(유두종 등을 간단하게 제거하는 경우)의 소정점수로 산정한다.
- 가, 나, 다 모두 의과항목에 대해서는 치과 마취행위료(전달, 침윤 등)는 산정 불가하지만 의약품관리료와 리도카인은 산정 가능하다.
- 보험으로 등재된 봉합사를 사용한 경우 재료신고 후 봉합사를 별도 산정할 수 있다.
- 수술 후 Dressing은 '수술 후 처치[나. 대수술 후 처치]'로 산정한다.

– 적용 가능 상병명 예시

◆ K11.6 침샘의 점액류 [침샘의 점액유출낭, 침샘의 점액저류낭, 두꺼비종]

◆ D10.3 기타 및 상세불명 입 부분의 양성 신생물 등

21. 수술용 스프린트(Surgical Splint)

수술용 스프린트		
상대가치점수 814.17	진료비 78,160원	수술을 시행한 후 지혈 및 혈종 형성을 방지하기 위한 압박형 상부자 또는 조직이식을 시행하는 경우에 술후 이식조직을 보호하고 이식편의 이동을 방지하기 위한 상부자

1) 산정기준

– 1주일에 1~2회 정도로 생리식염수로 Dressing 등을 할 때는 해당 술식의 후처치로 산정한다.

– 상악골 전방의 구개부에 존재하는 매복치의 발치를 시행하고 봉합을 완료한 후 피판의 치유를 촉진하고 발치한 부위에 과도한 혈종 형성을 예방하기 위하여 수술용 상부자를 접합시킬 시 산정 가능하다.

– 재료대, 인상채득, 교합채득, 장치제작 및 장착료는 포함되므로 별도 산정 불가하다.

– 적용 가능 상병명 예시

◆ K00.10 정중과잉치

◆ K01.18 과잉매복치

◆ K10.0 턱의 발육장애, 구개융기

22. 상고정장치술(Plate Splint)

상고정장치술 (1악당)		
상대가치점수 911.28	진료비 87,480원	인상채득 후에 wire를 이용하여 유지장치를 제작하고 Resin을 중합시켜 완성한 후 구강 내에 시적하여 조정과정을 거쳐 수술 후에 장착시키는 술식

1) 산정기준

- 상악 구개부 매복치 발치, 구개열수술 등 구강 내의 외과적 수술 후 수술 부위를 안정시키고 보호하며, 혈종방지, 부종억제 등 합병증을 예방하여 치유를 촉진시킬 목적으로 사용한다.
- 재료대, 인상채득, 장치제작 및 장착료는 해당 수가에 포함되어 별도 산정 불가하다.
- 상고정장치술은 장착하는 날 산정한다.
- 상고정장치를 제거하는 경우 [고정장치제거]로 산정한다.
- 상고정장치술 시행 후 1주일에 1~2회 정도 Dressing 시 수술 후 처치로 산정 가능하다.
- 적용 가능 상병명 예시
  - ◆ 발치 및 수술 시 원인 상병

23. 악간고정술(Intermaxillary Fixation)

악간고정술(구강당)		상 · 하악 간 교합이 된 상태로 arch bar와 wire를 이용하여 상 · 하악을 묶어서 고정하는 시술방법으로 악골 골절, 악관절 수술 등 시행 후 하는 고정 술식
상대가치점수	진료비	
834.97	80,160원	

- 적용 가능 상병명 예시
  - ◆ 악골골절 / 악관절 수술 관련 상병명

24. 치간고정술(Interdental Wiring)

치간고정술(1악당)		악골 골절, 치아 탈구의 경우에 치아를 고정하여 치유를 도모하는 술식
상대가치점수	진료비	
307.82	29,550원	

1) 산정기준

- 1악당 산정하며, 1악을 모두 고정하는 경우 산정 가능하다.
- 치간고정술 후 1주일에 1~2회 정도 생리식염수로 Dressing 하는 경우 수술 후 처치(가)의 항목으로 산정한다.
- 상악 제3대구치의 발거 중 후방 상악골의 동요도가 관찰되어 골절로 판단될 때 상악 치조골편을 고정하기 위하여 골절된 골절편을 정복한 후 상악 전악에 걸쳐서 아치바와 강선을 이용하여 탈구치아나 악골을 고정할 시 산정 가능하다.
- 적용 가능 상병명 예시
  - ◆ 악골골절 관련 상병명
  - ◆ S03.20~22 치아 탈구 관련 상병명

25. 고정장치의 제거(Removal of Splint)

고정장치의 제거(1악당)		치아탈구, 치조골 골절, 악골 골절 등에 사용한 잠간고정, 치간고정, 악간고정의 wire 또는 상고정장치의 강선으로 연결되어 있는 상부자 등의 고정장치물을 제거하는 술식
상대가치점수	진료비	
32.96	3,160원	

1) 산정기준

- 1악당 산정하며, 상악과 하악의 고정장치 wire 또는 강선을 동시 제거할 경우 소정점수를 각각 인정한다.
- 고정장치 제거 당일 실시한 Dressing은 별도 인정하지 않는다.
- 마취 별도 산정 가능하다.
- 적용 가능 상병명 예시
  - ◆ S03.20 치아의 아탈구
  - ◆ S03.21 치아의 함입 또는 정출
  - ◆ S03.22 완전탈구

26. 수술 후 처치 (Postoperative Dressing)

수술 후 처치 (1구강당 1회)	상대가치점수	진료비
가. 단순처치	20.91	2,010원
나. 대수술후 처치	109.09	10,470원
다. 수술 후 염증성 처치, 배액관 교환 등	159.09	15,270원
라. 후출혈 처치	213.13	20,460원
구강 내 수술 또는 발치 후 Dressing, 봉합사 제거(S/O) 등의 간단한 후 처치		

1) 산정기준

- 발치 후에 수술 후 처치는 일반적으로 2~3회 정도 인정한다.
- 발치 후 봉합사 제거 또는 Dressing을 시행하는 경우는 수술 후 처치(가. 단순처치)로 산정한다.
- 난발치나 매복치 발치 후 일률적으로 수술 후 처치가 없으면 심사 조정될 수 있다.
- 타 치과에서 발치 후 내원하여 Dressing이나 봉합사 제거(S/O) 시행 시 산정 가능하며, 반드시 내역설명을 기재하여야 한다.
- 유치발치 후 수술 후 처치는 합병증(전신장애)이 있는 경우에 한하여 산정 가능하다.
- 치은염, 치관주위염 등의 간단한 구강연조직 질환의 처치, 발치 전 Dressing 처치는 진찰료에 포함되므로 수술 후 처치를 별도 산정할 수 없다.
- 동일 악 중 1/3악 또는 동일 악 중에 연결된 1/3악 범위 내 (인접한 치아 3~4개 이내 범위)에서 치주치료 또는 치주치료후처치와 수술후 처치-단순처치를 동시에 실시한 경우 주된 처치만 산정한다.(고시 제 2020-15호, 2020.1.22. 2월 1일 시행)
- 동일 부위에 타 처치와 동시 시행 시 산정기준
  - ◆ 치주치료 후 처치 + 수술 후 처치 = 수가 높은 주된 처치만 산정
  - ◆ (동일 악 기준) 치주치료 + 수술 후 처치 = 치주치료만 산정
- 적용 가능 상병명 예시
  - ◆ 발치 및 수술 시 원인 상병

    (외과적 수술을 시행한 상병명 그대로 적용해야 한다.)

4. 치주질환치료

치면세마, 치주낭 측정검사, 치석제거(가)/(나), 치근활택술, 치주소파술, 치은절제술, 치은박리소파술, 치관확장술, 잠간고정술, 치주치료 후처치, 치조골결손부 골이식술, 조직유도 재생술, 조직유도 재생막 제거술, 치근면처치술, 치은신부착술, 치은측방변위판막술/치관변위판막술, 치은이식술, 치근절제술, 치관분리술

* ______ : 2급

1. 치면세마 (Prophylaxis)

치면세마 (1/3악당)		러버컵으로 치태나 음식잔여물을 닦고 치면을 연마하고 세균막을 제거하는 술식
상대가치점수 19.37	진료비 1,860원	

1) 산정기준

- 간단한 연조직 질환 처치의 경우는 진찰료로 산정한다.
- 치은염 치료 목적으로 시행하는 술식이므로 치주염 상병 또는 치아 침착물 관련 상병명 적용 불가하다.
- 유치의 경우 치은염 치료 목적으로 시행한 경우 산정 가능하다.
- 교정치료 및 불소도포를 시행하기 전의 치면세마는 비급여 대상이다.
- 1~2개 치아에만 치면세마를 시행한 경우, 소정금액의 50%를 산정한다.
- 적용 가능 상병명 예시
  - ◆ K05.00 급성 연쇄구균 치은구내염
  - ◆ K05.08 기타 명시된 급성 치은염 등

2. 치주낭 측정검사 (Periodontal Pocket Test)

치주낭 측정검사 (1/3악당)		
상대가치점수 20.90	진료비 2,010원	치주탐침을 치주낭의 기저부에 삽입하여 그 깊이를 측정하는 술식

1) 산정기준

- 치주낭 깊이(Periodontal Pocket Depth)를 측정한 경우 산정한다.
- 치근단질환에 있는 치아의 치조골 파괴 정도를 측정하기 위한 경우는 별도 산정 불가하다.
- 1치당 최소 2면 이상 mm 단위로 진료기록부에 기록한 경우 인정한다.
- 1~2개 치아에 시행한 경우도 1/3악으로 인정하며, 전악을 측정할 경우는 6회로 산정한다.
- 적용 가능 상병명 예시
  - ◆ K05.~ 치주 상병

3. 치석제거(Scaling)-(가)/(나)

치석제거(가) [1/3악당]		
상대가치점수 97.66	진료비 9,380원	핸드 스켈러나 초음파 스켈러 등으로 치은염이나 치주질환의 원인이 되는 치석을 제거하는 술식

1) 산정기준

- 부분치석제거를 시행한 경우 산정한다.
- 1/3악내에서 1~2개 치아에 시행 시 소정금액의 50%만 산정한다.
- 1/2악 시행 시 소정점수의 150%로 산정한다.

(½악으로 처치 및 수술을 실시한 경우 수기료 산정방법)

산정단위가 악당으로 분류된 치주질환에 악당으로 처치 및 수술을 시행한 경우의 수기료는 소정점수의 150%로 산정함.

[고시 제2007-46호.6.1 시행]

- 전악 치석제거(횟수 6) 후 후속 치주치료가 필요하다. 이때 치석제거는 당일에 전악 시행을 원칙으로 한다.
- 전악 치석제거 후 다음 달에 치주수술이 진행되는 경우 반드시 내역설명을 기재하여야 한다. (실제 내역설명이 누락되어 심사조정으로 이어지는 사례가 빈번히 발생)
- 소아 및 유치에도 적용 가능하다.

- 동일 부위에 타 처치와 동시 시행 시 산정기준
  - ◆ 치석제거 + 치근활택술, 치주소파술 = 상위 술식만 인정
  - ◆ 치석제거 + 교합조정 = 각각 100% 산정
  - ◆ 치석제거 + 잠간고정술 = 각각 100% 산정
  - ◆ 치석제거 + 구강내소염수술 = 각각 100% 산정
  - ◆ 치석제거 + 지각과민처치(나) = 지각과민처치(나) 산정 불가

- 동일부위 재산정 기준
  - ◆ 3개월 이내 재실시한 경우 : 치주치료 후 처치로 산정한다.
  - ◆ 3개월 초과 ~ 6개월 이내 : 치석제거 50% 산정한다.
  - ◆ 6개월 초과 : 치석제거 100% 산정한다.

- 적용 가능 상병명 예시
  - ◆ K05.~ 치주 상병

[치석제거 비급여 인정 기준]

가. 19세 미만, 치석제거 만으로 치료가 종결되는 전악치석제거

나. 구강보건 증진 차원의 정기적 치석제거

다. 치아교정 및 보철, 발치를 위한 치석제거

라. 구취제거, 치아 착색물질 제거를 위한 치석제거

치석제거(나) [전악]		
상대가치점수 434.71	진료비 41,730원	19세 이상 후속 치주질환 처치 없이 치석제거만으로 치료가 종결되는 전악 치석제거 환자에게 적용한다.

1) 산정기준

- 급여횟수는 연 1회이며 초과 시 비급여로 적용한다.
- 공단사전등록제 : 치석제거 전 요양기관정보마당에서 잔여 횟수를 확인 후 등록하여야 한다.
- 적용 가능 상병명 예시
  - ◆ K05.~ 치주 상병

※ 착오등록 등으로 치석제거 등록 취소가 필요할 경우

- 당일 입력건 : '요양기관 정보마당'을 통해 등록내역 삭제 가능
- 당일 경과건 : 국민건강보험공단(지사)으로 '치석제거 등록내역 취소신청서'를 제출해야 함.

[서식1]

건강보험 치석제거 등록내역 취소 신청서

※ 아래 유의사항 및 작성방법을 참고하여 작성해 주시기 바랍니다.

① 등록내역	시술정보	급여항목 **치석제거**	시술일자
	수진자 정보	성명	주민등록번호
	요양기관 정보	요양기관기호	요양기관명
②취소	취소사유		
	요양급여비용(공단부담금) 청구 여부		
	□ 청구안함	□ 청구완료	
	※ 청구완료에 체크한 경우, 건강보험심사평가원에 자진환수 요청 후 환수 완료된 증빙자료를 제출하여 주시기 바랍니다.		

위와 같이 건강보험 치석제거 등록내역 취소를 신청합니다.

년 월 일

신청기관	요양기관명(기호) : ( ) 전화 : ( )	(직인)
	담당의사(면허번호) : ( )	(서명 또는 인)

국민건강보험공단 이사장 귀하

유의사항

1. 치석제거를 등록한 요양기관에서만 신청이 가능합니다.
2. 반드시 요양기관 직인 및 치과의사의 서명이 있어야 합니다.
3. **요양급여비용 청구 요양기관은 자진환수(심사평가원에 신청) 후 내역 첨부 요함.**

작성방법

① : 등록된 '치석제거' 내용을 기재합니다.
- 수진자의 성명을 한글로 기재하고, 건강보험증에 기재된 주민등록번호를 기재합니다.
- 외국인(재외국민)은 외국인 및 재외국민 등록번호를 기재합니다.

② : 등록내역을 취소하고자 하는 사유를 구체적으로 기재합니다.

210mm×297mm[일반용지(재활용품) 60g/㎡]

4. 치근활택술 (Root Planing)

치근활택술 (1/3악당)		
상대가치점수 174.62	진료비 16,760원	치근면에 침착된 치석 및 치태를 포함한 국소인자 등을 제거하여 새로운 치주조직의 부착을 유도할 수 있도록 치근면을 평활하게 처리하는 술식

1) 산정기준

- 초진 시 전처치 없이 치근활택술을 시행한 경우에 급성 또는 만성 치주염 상병 적용 가능하다. 단, 초진 시에 전처치 없이 치근활택술을 일률적으로 청구 하는 경우는 기본진료료에 포함되는 치료로 간주되어 심사 조정될 수 있다.
- 방사선 촬영, 마취, 치주낭측정 검사 등은 별도 산정 가능하다.
- 1/3악 범위 내에서 1~2개 치아에 치근활택술을 시행 하더라도 100%(횟수 1) 산정 가능하다.
- 동일부위 재산정 기준
  - ◆ 1개월 이내 재 실시한 경우 : 치주치료 후 처치로 산정한다.
  - ◆ 1개월 초과 ~ 3개월 이내 : 치근활택술 50% 산정한다.
  - ◆ 3개월 초과 : 치근활택술 100% 산정한다.
- 적용 가능 상병명 예시
  - ◆ K05.~ 치주 상병

5. 치주소파술 (Subgingival Curettage)

치주소파술 (1/3악당)		
상대가치점수 239.12	진료비 22,960원	국소마취 후 치은연하의 치석 및 치주낭의 염증 조직을 제거하여 건강한 치주조직의 신부착을 도모하는 술식

1) 산정기준

- 반드시 전처치(치석제거, 치근활택술)와 마취하에 시행하여야 한다.

– 만성치주염 관련 상병으로 적용 가능하다.

– 1/3악 범위내에서 1~2개 치아에 치주소파술을 시행하더라도 100%(횟수 1) 산정 가능하다.

– 동일부위 재산정 기준

◆ 1개월 이내 재실시한 경우 : 치주치료 후 처치로 산정한다.

◆ 1개월 초과 ~ 3개월 이내 : 치주소파술 50% 산정한다.

◆ 3개월 초과 : 치주소파술 100% 산정한다.

– 적용 가능 상병명 예시

◆ K05.30 만성 단순치주염

◆ K05.31 만성 복합치주염

◆ K05.32 만성 치관주위염

◆ K05.~ 치주 상병

6. 치은절제술 (Gingivectomy)

치은절제술 (1/3악당)		치주질환, 치은비대의 경우 치은을 절제하여 잇몸이 다시 재기능을 할 수 있도록 모양을 형성하는 술식
상대가치점수 461.83	진료비 44,340원	

1) 산정기준

– 전처치(치석제거 또는 치근활택술) 후에 산정 가능하다.

– 마취하에 시행하여야 한다.

– 증식된 치은조직을 절제하는 경우 산정한다.

– 교정용 밴드 장착 후 치은이 증식되어 치은절제술을 시행한 경우는 비급여로 적용한다.

– 보험으로 등재된 봉합사를 사용한 경우 재료신고 후 봉합사를 별도 산정할 수 있다.

– 동일 부위에 타 처치와 동시 시행 시 산정기준

◆ 치은절제술 + 치은성형술 = 치은절제술만 산정

– 동일 부위 재산정 기준[2023.03 개정]

◆ 1개월 이내 : 치주치료후 처치(나.복잡)

◆ 1개월 ~ 3개월 이내 : 치은절제술의 50% 산정한다.

◆ 3개월 초과 : 치은절제술의 100% 산정한다.

– 적용 가능 상병명 예시

◆ K05.30 만성단순 치주염 ◆ K05.31 만성 복합치주염

◆ K06.18 기타 명시된 치은 비대

7. 치은박리소파술 (Periodontal Flap Operation)

치은박리소파술 (1/3악당)			
	상대가치점수	진료비	국소마취 후 잇몸을 절개하고 시술 부위를 직접 관찰하며 치석과 괴사된 조직을 제거하는 술식
간단	723.45	69,450원	
복잡	1141.72	109,610원	

◆ 치은박리소파술(간단) : 절개 후 치주판막을 박리하여 골 결손부의 육아조직을 제거하고 치근면에 치석제거 및 치근활택술을 시행한 경우 또는 1~2개 치아에 시행한 경우 산정한다.

◆ 치은박리소파술(복잡) : 골내낭을 제거하면서 치조골의 생리적 형태를 만드는 것으로 골성형술과 지지골을 제거하는 골삭제술을 동시에 실시한 경우에 산정한다.

1) 산정기준

– 전처치(치석제거 또는 치근활택술)없는 치은박리소파술은 치주소파술로 심사 조정된다.

[고시 제2017-91호] **전처치 없이 산정된 치은박리소파술**

치주질환치료는 통상 치석제거나 치근활택술 등 초기 치료과정을 거치거나 통증, 또는 출혈 등 급성 증상을 완화시킨 다음 단계적으로 치주치료를 시행하는 것이 원칙이므로 전처치 없이 산정된 치은박리소파술은 치주소파술로 인정함.

(시행일 : 2016. 12.1.)

- 2개치 이하인 경우 또는 1/3이하의 골소실이 있는 경우에는 치은박리소파술 (간단)으로 인정하나, 2개치 이하라 하더라도 치근분지부위에 골흡수 현상으로 치조골변형이 있어 수직성 골흡수가 확인된 경우 (복잡)으로 인정한다.
- 통상적으로 치주낭측정검사, 방사선 촬영, 마취, 처방, 치주치료 후처치 등이 동반되는 것이 바람직하다.
- 보통 5mm 이상의 깊은 치주낭, 치근 1/3 이상의 치조골 결손에 (복잡)으로 산정 가능하다.
- 치은박리소파술 시행 후 Dressing, 봉합사 제거(S/O) 등의 후처치는 '치주치료 후 처치(복잡)'으로 산정한다.
- 보험으로 등재된 봉합사를 사용한 경우 재료신고 후 봉합사를 별도 산정할 수 있다.
- 치은박리소파술(복잡) 시행 시 사용한 Burr는 별도 산정 불가하다.
- 치은박리소파술은 치조골성형수술과 동시 산정 불가하다.
- 치주질환 전처치 없이 치은박리소파술 산정 시 치주소파술(1/3악당)로 인정한다.
- 동일 부위에 타 처치와 동시 시행 시 산정기준
  - ◆ 치은박리소파술 + 발치 = 높은 수가 100%, 낮은 수가 50%
  - ◆ 치은박리소파술 + 치과임플란트 제거술 = 높은 수가 100%, 낮은 수가 50%

- 동일 부위 재산정 기준
  - ◆ 6개월 이내 – 치은박리소파술의 50% 산정한다.
  - ◆ 6개월 초과 – 치은박리소파술의 100% 산정한다.

- 적용 가능 상병명 예시
  - ◆ K05.30 만성 단순치주염
  - ◆ K05.31 만성 복합치주염
  - ◆ K05.~ 치주 상병

[고시 제2007-143호]

봉합사 산정 기준

- 심평원에 재료 구입신고를 한 후 산정 가능하다.
- 봉합사 목록표에 등재되어 있는 봉합사만 별도 산정 가능하며 목록표상에 미등재 봉합사는 산정불가하며 환자에게 별도 징수할 수 없다.
- 봉합사를 별도 산정할 수 있는 치과처치 및 수술항목을 제외한 모든 항목은 봉합사를 별도 산정할 수 없다.
- 안면부 봉합 및 일부 치과 수술 항목 중 2cm를 초과하는 피부 봉합 시 산정 가능하다.
- 진료기록부에 봉합사 제품명, 굵기, 사용량 등을 차트에 반드시 기재하여야 한다.

봉합사를 별도 산정할 수 있는 치과처치 및 수술항목	
구강외과수술	**치주질환수술**
차-43 치조골성형수술	차-102 치은신부착술
차-45 구강내소염수술(가, 나, 다, 라)	차-103 치은성형술
차-46 구강외소염수술(가, 나, 다)	차-104 치은절제술
차-47 구강내열상봉합술(가, 나)	차-105 치은박리소파술(간단, 복잡)
차-48 구강외열상봉합술	차-107 치조골결손부골이식술(가, 나)
차-50 협순소대성형술(가, 나)	차-108 조직유도재생술(가, 나)
차-51 설소대성형술(가, 나)	차-109 조직유도재생막제거술
차-61 구강안면누공폐쇄술	차-110 치은측방변위판막술, 치관변위판막술
차-64 하악골재건술	차-113 치근절제술(가, 나)
차-67 치은, 치조부 병소 또는 종양절제술	처-101 치관확장술(가, 나, 다)
차-73 골융기절제술(가, 나)	처-102 치관분리술
처-42 상악골성형술(가, 나, 다, 라)	
처-43 하악골성형술(가, 나, 다)	
처-44 악관절강세척술	

봉합사를 별도 산정할 수 없는 치과처치 및 수술항목	
구강외과수술	**치주질환수술**
차-41 발치술(단순, 복잡, 완전매복치 포함) (가, 나, 다, 라, 마)	처-101 치주소파술
차-56 치근낭적출술(가, 나, 다, 라)	
차-59 치근단절제술(가, 나)	
차-62 구강상악동누공폐쇄술(가, 나)	
차-63 치아재식술	

8. 치관 확장술 (Crown Lengthening)

치관확장술 (1치당)		
상대가치점수	진료비	임상적인 치관이 해부학적 치관보다 짧은 경우 정확한 충전이나 보철이 어려워 치은 일부분을 제거하는 술식
가. 92.16	가. 8,850원	
나. 991.76	나. 95,210원	
다. 1108.12	다.106,380원	

가. 치은절제술	치아의 해부학적 치관길이에 비해 임상적인 치관 길이가 짧고 각화치은이 충분한 경우, 치아를 덮고 있는 과도한 잇몸조직을 잘라내어 치아 길이를 확보하는 술식이다.
나. 근단변위판막술	잇몸절제 후 단단한 잇몸이 부족한 경우 판막을 형성하여 잇몸량을 증가시키거나 유지시키는 술식이다.
다. 근단변위판막술 및 치조골삭제술	임상적 치아 길이를 확보하기 위해 부분층 또는 전층에 판막을 형성, 치조골절제술 및 골성형술을 시행하는 술식이다.

1) 산정기준

- 근관치료 후 치관길이 연장목적으로 시행한 경우 근관치료 상병명 그대로 적용 가능하다.
- 치석 제거 등의 전처치 없이 산정 가능하다.
- 치은연하, 인접치간의 우식치료를 위한 임상적 치관노출에 산정한다.
- 보험으로 등재된 봉합사를 사용한 경우 재료신고 후 봉합사를 별도 산정할 수 있다.

- (다. 근단변위판막술 및 치조골삭제술) 시행 시 치조골 삭제를 위해 사용한 burr는 별도 산정 불가하다.
- 치관확장술 이후 시행하는 후처치는 치주치료 후 처치(나.복잡)으로 산정한다.
- 적용 가능한 상병명 예시
  - ◆ 근관치료 상병
  - ◆ 치아 파절 관련 상병
  - ◆ 치근 우식 관련 상병

9. 잠간고정술 (Temporary Splinting)

잠간고정술 (1악당)			
	상대가치점수	진료비	치주질환 또는 완전, 불완전 치아 탈구로 고정이 필요한 경우 강선(wire)이나 레진 및 기타 고정재료를 이용하여 고정시키는 술식
3치 이하	242.51	23,280원	
4치 이상	336.32	32,290원	

1) 산정기준

- 치아동요나 탈구로 인해 Wire와 복합레진 혹은 복합레진만으로 고정을 하는 경우 산정한다.
- 잠간고정술 후 Dressing을 시행하는 경우, 잠간고정술을 시행한 원인이 되는 처치의 후처치 적용기준에 따라 수술후처치(가) 또는 치주치료 후처치를 산정할 수 있다.
- 잠간고정술 제거 시 고정장치제거술로 산정 가능하다.
- 동일 부위에 타 처치와 동시 시행 시 산정기준
  - ◆ 잠간고정술 + 교합조정술 = 잠간고정술 100%, 교합조정술 50%
- 적용 가능한 상병명 예시
  - ◆ 고정술 시행한 원인의 상병 적용
  - ◆ S03.20 치아의 아탈구
  - ◆ S03.22 완전 탈구
  - ◆ K05.~ 치주 상병

10. 치주치료 후 처치 (Treatment of Periodontal Disease)

치주치료 후 처치 (1구강당 1회)			
	상대가치점수	진료비	치주치료 후 Stitch–out, Dressing, Pack 제거 등의 후처치를 하는 술식
가. 간단	17.55	1,680원	
나. 복잡	44.49	4,270원	

1) 산정기준

– 치주치료 후 처치 (가. 간단) : 치석제거, 치근활택술, 치주소파술 후에 산정한다.

– 치주치료 후 처치 (나. 복잡) : 치주수술 후 산정,

치주치료 후 처치(가. 간단) 이외의 경우에 산정한다.

– 동일 부위에 타 처치와 동시 시행 시 산정기준

◆ 치주치료 후 처치 + 수술 후 처치 = 주된 처치만 산정 가능

– 적용 가능 상병명 예시

◆ 치주 및 수술의 원인 상병

11. 치조골결손부 골이식술(Bone Graft for Alveolar Bone Defects)

치조골결손부 골이식술(소정점수로 산정)	상대가치점수	진료비
가. 동종골, 이종골, 합성골 이식한 경우 (재료대별도) 나. 자가골이식술의 경우 (채취포함)	1,327.23 1,456.05	127,410원 139,780원
치주질환으로 파괴된 골조직에 재생을 목적으로 자가골이나 동종골 또는 합성골 등을 이용하여 골조직의 재생을 도모하는 술식		

1) 산정기준

– 전처치(치석제거 또는 치근활택술) 후 산정 가능하다.

– 치주질환 전처치 없이 치조골결손부골이식술 산정 시 치주소파술(1/3악당)로 인정한다. [2023.03 개정]

– 치은박리소파술을 시행한 후에 골결손부에 자가골, 동종골, 이종골, 골대체물 및

합성물질 등을 이식한 경우 산정한다.

- 자가골의 경우는 채취하는 행위를 포함하며, 자가골 이외의 골을 사용하는 경우는 허가된 이식재료에 한하여 재료대 청구 가능하다.
  (청구가능한 이식재 예: A-OSS, BIO-OSS 등)
- 자가골 없이 합성골 만을 사용하였을 경우 최대 3cc(2.5g)범위 내에서 골결손의 크기에 실사 용량으로 산정할 수 있다.
- 임플란트 치아 주위염에도 적용 가능하다.
  단, 3단계 보철 완성 3개월 이후부터 청구 가능하다.
- 보험으로 등재된 봉합사를 사용한 경우 재료신고 후 봉합사를 별도 산정할 수 있다.
- 골 채취 시 사용한 Burr는 산정 불가하다.
- 시술 후 Dressing, 봉합사 제거(S/O)는 치주치료 후 처치(나.복잡)로 산정한다.
- 동일 부위에 타 처치와 동시 시행 시 산정기준
  ◆ 치은박리소파술 + 치조골결손부 골이식술 = 치조골결손부 골이식술만 산정
- 적용 가능 상병명 예시
  ◆ K05.30 만성 단순치주염
  ◆ K05.31 만성 복합치주염
  ◆ K05.38 기타 명시된 만성 치주염 등

12. 조직유도 재생술(Guided Tissue Regeneration)

조직유도 재생술(소정점수로 산정)	상대가치점수	진료비
가. 골이식을 동반하지 않는 경우	1,407.90	135,160원
나. 골이식을 동반(동종골,이종골,합성골 이식의 경우)	1,538.59	147,700원
골이식을 동반(자가골 이식의 경우/채취료 포함)	1,656.95	159,070원
치주질환으로 파괴된 치주조직의 재생을 목적으로 조직유도재생막을 이용하여 재생에 방해되는 세포를 차단함으로써 치주조직의 신부착 및 재생을 도모하는 술식		

1) 산정기준

- 전처치(치석제거 또는 치근활택술) 후 산정 가능하다.
- 치주질환 전처치 없이 조직유도재생술 산정 시 치주소파술(1/3악당)로 인정한다. [2023.03 개정]
- 적당한 각화치은이 존재하는 골결손부에 청구 가능하다.
- 이개부 병변으로 치간골이 높고, 수직방향으로 골결손이 있는 경우 산정 가능하다.
- 골내의 수직적 결손부로서 깊이가 약 4~5mm 이상인 경우 산정 가능하다.
- 재료대는 심사평가원에 보험으로 등재된 제품에 한하여 산정 가능하다.
  (청구 가능한 재료 예 : BIOMESH, BIO-GIDE, TEFGEN, GORE-TEX 등)
- 차폐막 사용 필수이며, 차폐막 제거 시 차-109 조직유도재생막 제거술 (Removal of Barrier Membrane) 산정 가능하다.
- 보험으로 등재된 봉합사를 사용한 경우 재료대 신고 후 봉합사 별도 산정 가능하다.
- 조직유도재생술(나) 자가골 이식의 경우 자가골 채취를 외과적 술식으로 인정하여 Burr는 Burr(다)로 산정 가능하다.
- 시술 후 Dressing, 봉합사 제거(S/O)는 치주치료 후 처치(나.복잡)로 산정한다.

- 동일 부위에 타 처치와 동시 시행 시 산정기준
  - ◆ 조직유도재생술 + 치조골결손부 골이식술 = 조직유도재생술(나)로 산정
  - ◆ 치조골결손부골이식술 + 치근면처치술 = 각각 100% 산정
- 적용 가능 상병명 예시
  - ◆ K05.31 만성 복합치주염
  - ◆ K05.38 기타 명시된 만성 치주염 등

13. 조직유도 재생막 제거술(Removal of Barrier Membrane)

조직유도 재생막 제거술		조직유도 재생술 시 비흡수성 차폐막을 이용하여 시행한 경우 조직재생의 정도에 따라 4~6주 후에 차폐막을 제거하는 술식
상대가치점수 436.33	진료비 41,890원	

1) 산정기준

- 비흡수성막 사용 시 일정 시간 경과 후 제거 시 산정 가능하다.
- 조직유도재생술 후 월(月)이 바뀌어도 진찰료 구분은 [재진]으로 산정한다.
- 마취, 방사선 촬영 비용은 별도 산정 가능하다.
- 흡수성 재생막이 노출되어 제거할 경우도 적용 가능하다.
  단, 정상적인 경우 흡수성막은 산정 불가하다.
- 보험으로 등재된 봉합사를 사용한 경우 재료대 신고 후 봉합사 별도 산정 가능하다.
- 시술 후 Dressing, 봉합사 제거(S/O)는 치주치료 후 처치(나.복잡)로 산정한다.
- 적용 가능 상병명 예시
  ◆ 기존 조직유도재생술 상병명

14. 치근면 처치술(Root Conditioning)

치근면 처치술 (1/3악당)		치주수술 시 치근에 남아있는 내독소 등 재부착에 장애를 주는 물질을 없애기 위하여, 구연산(citric acid) 또는 테트라싸이클린(tetracycline) 등으로 치근면을 도포해주는 술식
상대가치점수 128.13	진료비 12,300원	

1) 산정기준

- 약제 및 재료대(구연산 또는 테트라사이클린)는 소정점수에 포함되므로 별도 산정 불가하다.
- 치은박리소파술 이상 술식과 동시에 실시한 경우에는 소정점수를 각각 100% 산정한다.
- 치주 외과적수술 후 임플란트 표면처치술(나사선성형술 등)을 시행한 경우
  치근면처치술 200%를 산정한다. 단, 내역설명과 임플란트 치식표기가 필요하다.
  예) 임플란트 표면처치술 시행한 부위
- 동일 부위에 타 처치와 동시 시행 시 산정기준
  ◆ 치조골결손부골이식술 + 치근면처치술 = 각각 100% 산정
  ◆ 조직유도재생술 + 치근면처치술 = 각각 100% 산정
  ◆ 치은박리소파술 + 치근면처치술 = 각각 100% 산정

- 적용 가능 상병명 예시
  - ◆ K05.30 만성 단순치주염
  - ◆ K05.31 만성 복합치주염
  - ◆ K05.38 기타 명시된 만성 치주염 등

15. 치은신부착술 (Excisional New Attachment Procedure)

치은신부착술 (1/3악당)	상대가치점수	진료비
	562.63	54,010원

중등도의 골연상 치주낭을 제거하고자 하는 경우, 큐렛 대신 수술도를 사용하여 치주낭상피, 접합상피, 육아조직등을 확실하게 제거함으로써 치면과 하부 결합조직 간에 신부착을 도모하는 소파 술식(치조골 노출 없음)
치주낭 기저부를 향해 수술칼로 내사 절개하여 두꺼운 papilla와 깊은 치은 열구를 잘라내고 염증성 육아조직을 제거하고 치근면의 치석제거 및 치근활택술을 실시한 후 봉합하는 술식

1) 산정기준

- 치석제거 등 전 처치 후에 산정하는 것이 원칙이다.
- 신부착술 행위에 치석제거와 치근활택술 행위가 포함되므로 별도산정 불가하다.
- 보험으로 등재된 봉합사를 사용한 경우 재료신고 후 봉합사를 별도로 산정할 수 있다.
- 시술 후 Dressing, 봉합사 제거(S/O)는 치주치료 후 처치(나.복잡)로 산정한다.
- 동일 부위에 타 처치와 동시 시행 시 산정기준
  - ◆ 치은신부착술 + 치은박리소파술 = 치은박리소파술만 산정
  - ◆ 치은신부착술 + 치근면처치술 = 치은신부착술만 산정

    (치은신부착술은 flap을 열지 않고 하는 행위이므로 치근면처치술을 청구할 수 없음)
- 적용 가능 상병명 예시
  - ◆ K05.30 만성 단순치주염
  - ◆ K05.31 만성 복합치주염
  - ◆ K05.38 기타 명시된 만성 치주염 등

16. 치은측방변위판막술, 치관변위판막술

(Laterally Positioned Flap, Coronally Positioned Flap)

치은측방변위판막, 치관변위판막술 (1/3악당)		치은퇴축으로 인한 지각과민이나 심미적 문제해결을 위해 노출된 치근을 다시 치주조직으로 피개하는 술식 1) 치주질환에 의해 노출된 치근면을 덮어주기 위해서 2) 부착치은의 양을 증가시키기 위해서
상대가치점수 1,381.44	진료비 132,620원	

1) 산정기준

- 충분한 각화치은이 있는 여건에서 시행하는 방법으로 치은이식술과 같이 시행하기도 하고 단독으로 시행하기도 한다.
- 보통 치근면처치술을 동반하며 1/3악당 청구 가능하다.
- 보험으로 등재된 봉합사를 사용한 경우 재료신고 후 봉합사를 별도로 산정할 수 있다.
- 시술 후 Dressing, 봉합사 제거(S/O)는 치주치료 후 처치(나.복잡)로 산정한다.
- 동일 부위에 타 처치와 동시 시행 시 산정기준
  - ◆ 치은측방변위판막술/치관변위판막술 + 치근면처치술 = 각각 100% 산정
  - ◆ 치은측방변위판막술/치관변위판막술 + 치은박리소파술 = 치은박리소파술 산정 불가
- 적용 가능 상병명 예시
  - ◆ K06.00 국소적 치은퇴축
  - ◆ K06.01 전반적 치은퇴축
  - ◆ K06.09 상세불명의 치은퇴축 등

17. 치은이식술 (Gingival Graft)

치은이식술 (소정점수로 산정)	상대가치점수	진료비
	1,477.61	141,850원

부착치은이 부족하거나 치은퇴축에 의해 치근이 노출되었을 때 노출치근을 덮기 위해 다른 부위에서 치은을 잘라내어 해당 부위에 이식하는 술식

1) 부착치은의 양을 증가, 부착치은이 없는 경우 새로운 부착치은을 형성시켜주기 위해
2) 치은퇴축을 예방하거나 치은퇴축을 덮기 위해
3) 구강전정을 깊게 해주기 위해
4) 소대와 근육부착을 재위치 시켜주기 위해

1) 산정기준

- 심미적 목적이나 임플란트 목적으로 시행 시에는 비급여에 해당된다.
- 보험으로 등재된 봉합사를 사용한 경우 재료신고 후 봉합사를 별도로 산정할 수 있다.
- 치은퇴축 상병명이 적용된 경우 전처치(치석제거 등)는 필요 없다.
- 시술 후 Dressing, 봉합사 제거(S/O)는 치주치료 후 처치(나.복잡)로 산정한다.
- 동일 부위에 타 처치와 동시 시행 시 산정기준
  - ◆ 치은이식술 + 치은박리소파술 = 치은이식술만 산정
- 적용 가능 상병명 예시
  - ◆ K06.00 국소적 치은퇴축
  - ◆ K06.01 전반적 치은퇴축
  - ◆ K06.09 상세불명의 치은퇴축 등

18. 치근절제술(Root Resection)

치근절제술(1치당)	상대가치점수	진료비
가. 선택적 치근절제술(Selective Root Amputation)	613.64	58,910원
나. 치아반측절제술(Hemisection)	613.64	58,910원
치근 또는 치근 이개부가 여러 가지 이유로 인해(심한 골손실, 석회화, 치근파절 등) 한 쪽, 혹은 2개의 치근부가 치료 불가능한 경우 전략적으로 한 쪽 치근만 잔존시켜 두는 시술		

가. 선택적 치근절제술 : 치근만 절단하여 제거

나. 치아반측절제술 : 치관과 치근 한꺼번에 절제

1) 산정기준

- 선택적 치근절제술은 주로 상악, 치아반측절제술은 대개 2개의 치근을 갖는 하악에서 많이 시행한다.
- 치근절제술 시행 시 사용한 Burr는 별도 산정 불가하다.
- 보험으로 등재된 봉합사를 사용한 경우 재료대 신고 후 봉합사 별도 산정 가능하다.
- 치근절제술 이후 시행하는 Dressing 또는 봉합사 제거(S/O)는 치주치료 후 처치(나.복잡)로 산정한다.
- 선택적 치근절제술의 경우 역충전 비용을 포함한다.
- 동일 부위에 타 처치와 동시 시행 시 산정기준
  - ◆ 치근절제술 + 잔존치근 근관치료 = 각각 100% 산정
- 적용 가능 상병명 예시
  - ◆ K04.62 구강으로 연결된 동이 있는 근단 농양
  - ◆ K04.7 동이 없는 근단 농양
  - ◆ K02.2 시멘트질의 우식 등

19. 치관분리술(Bicuspidization)

치관분리술 (1치당)		주로 하악대구치에서 치근이개부의 골소실이나 치아우식증이 있는 경우 이개부를 분리하여 2개의 치관으로 만드는 술식
상대가치점수 923.98	진료비 88,700원	

1) 산정기준

- 보험으로 등재된 봉합사를 사용한 경우 재료대 신고 후 봉합사 별도 산정 가능하다.
- 치관분리술 이후 시행하는 Dressing 또는 S/O는 치주치료 후처치(나.복잡)로 산정한다.
- Burr는 산정 불가하다.
- 동일 부위에 타 처치와 동시 시행 시 산정기준
  - ◆ 치관분리술 + 잔존치근 근관치료 = 각각 100% 산정
- 적용 가능 상병명 예시
  - ◆ K05.31 만성 복합치주염
  - ◆ K02.55 치근파절
  - ◆ K02.56 치관 치근 파절
  - ◆ K02.2 시멘트질의 우식 등

매복된 제 3 대구치 발치 중 치관만 절제하여 제거한 경우 수가산정방법

[심의내용]

- 동 사례는 매복된 하악 제3대구치의 치근이 하치조신경에 인접한 경우, 신경의 손상을 최소화하기 위해 의도적으로 치관부분은 절제하고, 신경에 가까운 치근은 남겨둔 후 이를 치관분리술로 청구하였음.
- 매복된 하악 제3대구치의 치관절제술은 제3대구치의 치근이 하치조신경에 인접한 경우, 신경의 손상을 최소화하기 위해 고안된 수술법으로, 치관 부분은 절제하고, 신경에 가까운 치근은 남겨두는 방법으로 술후 3~6개월이 경과한 후 방사선 소견상 잔존치근이 변위되어 하치조신경에 분리되면 잔존치근의 발치를 시행하는 행위임.
- 이는 신의료기술평가 결과 건강보험요양급여비용 목록에 등재되어 있는 제3대구치 발치와는 사용방법이 다르고, 치관분리술과는 시술방법은 유사하나 사용대상 및 목적이 상이한 기술로 판단되어 연구단계기술로 결정 되었음.
- 따라서 매복된 하악 제3대구치의 치관절제술을 실시한 후 청구된 차102 치관분리술은 인정하지 않기로 함.

[2016.9.7. 진료심사평가위원회(중앙심사조정위원회)]

5. 보철치료

치관수복물 또는 보철물의 제거, 보철물 재부착, 급여틀니(완전틀니 · 부분틀니), 틀니 유상유지관리

1. 치관수복물 또는 보철물의 제거 (Removal of Restoration)

치관수복물 또는 보철물의 제거 (1치당)			
	상대가치점수	진료비	치아에 장착된 충전물이나 보철물을 제거하는 술식
간단(가)	15.09	1,450원	
복잡(나)	75.61	7,260원	

1) 산정기준

간단(가)	아말감,G-I, 복합레진, 광중합형 복합레진, SP Crown 제거 시 산정
복잡(나)	Inlay, Onlay, Crown, Bridge 제거 시 산정

– Bridge 제거 시 지대치(Abutment)는 숫자대로 산정하고, 연속된 인공치(Pontic)는 여러 개의 치아라도 1치로 산정한다.

예1) 4==7 Bridge 제거 : 치관수복물 또는 보철물제거 복잡(나) 3개

예2) 3=1==3 Bridge 제거 : 치관수복물 또는 보철물제거 복잡(나) 5개

– 보철물제거 간단과 복잡을 동시에 시행할 경우 보철물제거 복잡만 산정 가능하다.

– 발치하는 치아에 단관(Single Crown)이 부착되어 있는 경우 보철물 제거 비용은 별도 산정할 수 없다. 다만, 수복물 및 보철물을 제거하여 상태를 확인한 이후 발치가 순차적으로 이루어진 경우에 한하여 각각 100% 산정 가능하다.

– 마취 및 방사선 촬영 별도 산정 가능하다.

– 적용 가능 상병명 예시

◆ K02.~ 우식 상병 ◆ K04.~ 치수 상병

◆ K05.~ 치주 상병 ◆ T85.6 치과보철물의 파절 및 상실

2. 보철물 재부착 (Recementation)

보철물 재부착 (1치당)		기존에 장착된 보철물이 탈락되어 다시 부착하는 행위
상대가치점수 28.87	진료비 2,770원	

1) 산정기준

- Inlay, Onlay, Crown, Bridge가 탈락되어 재부착 시 산정한다.
- Cement 재료대 별도 산정 불가하다.
- Bridge의 경우 지대치에 한하여 인정한다. [인공치(Pontic)는 불인정]
- 임시치아 부착은 급여 산정 불가하다.
- 치과임플란트 완료 후 3개월 이후 시행하는 보철물 재부착은 산정 가능하다.

  (단, 임시부착은 진찰료만 산정한다.)
- 적용 가능 상병명
  - ◆ T85.6 치과보철물의 파절 및 상실

3. 급여틀니(악당)

1) 완전틀니(Complete Denture)

레진상 완전틀니 (1악당)	치과의원		치과병원	
	상대가치점수	진료비	상대가치점수	진료비
1단계. 진단 및 치료계획	2,034.86	195,350	2,123.33	203,840
2단계. 인상채득	3,391.43	325,580	3,538.88	339,730
3단계. 악간관계채득	2,034.86	195,350	2,123.33	203,840
4단계. 납의치 시적	2,713.14	260,460	2,831.10	271,790
5단계. 의치장착 및 조정	3,391.43	325,580	3,538.88	339,730
임시 완전틀니	3,059.81	293,740	3,192.84	306,510

금속상 완전틀니 (1악당)	치과의원		치과병원	
	상대가치점수	진료비	상대가치점수	진료비
1단계. 진단 및 치료계획	2,034.87	195,350	2,123.34	203,840
2단계. 인상채득	4,257.08	408,680	4,442.17	426,450
3단계. 악간관계채득	3,333.40	320,010	3,478.33	333,920
4단계. 납의치 시적	2,713.15	260,460	2,831.11	271,790
5단계. 의치장착 및 조정	3,391.44	325,580	3,538.90	339,730
임시 완전틀니	3,059.81	293,740	3,192.84	306,510

2) 부분틀니(Removable Partial Denture)

부분틀니 (1악당)	치과의원		치과병원	
	상대가치점수	진료비	상대가치점수	진료비
1단계. 진단 및 치료계획	2,026.68	194,560	2,114.77	203,020
2단계. 인상채득	2,287.44	219,590	2,386.86	229,140
3단계. 금속구조물시적	4,868.66	467,390	5,080.35	487,710
4단계. 악간관계채득	1,404.48	134,830	1,465.58	140,700
5단계. 납의치 시적	1,389.63	133,400	1,450.00	139,200
6단계. 의치장착 및 조정	4,527.03	434,590	4,723.85	453,490
임시 레진상 부분틀니(3치 기준)	810.30	77,790	845.53	81,170
임시 레진상 부분틀니(추가 1치당)	77.91	7,480	77.91	7,480

3) 급여틀니 산정기준

① 진료비 지불방식 : 단계별 묶음수가제

② 공단 사전등록제

- 국민건강보험, 차상위(1종, 2종)

  : 국민건강보험공단 요양기관정보마당에서 신청 및 승인 가능

- 의료급여(1종, 2종)

  : 국민건강보험공단 요양기관정보마당 [의료급여 치과치료]에서 신청 가능하며, 승인은 관할 시 · 군 · 구 · 읍 · 면 · 동에서 가능

③ 적용 상병명 : K08.1 사고, 추출 또는 국한성 치주병에 의한 치아상실

④ 틀니는 치과 시술 등록제 항목으로서 기등록된 내용이 있는지 먼저 확인하고 없다면 등록 후 진행한다.

⑤ 임시틀니의 제작 여부를 대상자 등록 시 반드시 기재하여야 한다.

⑥ 동일 부위에 레진상 완전틀니와 금속상 완전틀니의 중복 적용 불가하다.

⑦ 틀니 단계 적용 시 진찰료 산정 불가하다.

⑧ 틀니 종류에 따라 단계별 청구가 원칙이나, 진행과정에 따라 1일 2단계 이상 중복 산정 가능하다.

⑨ 완전틀니의 경우 치식을 전체선택하고, 부분틀니의 경우 잔존치아를 선택한다.
(※ 부분틀니 진행 시 잔존치아를 선택하는 이유는 임시 부분틀니 제작 시 치식 선택에 따라 진료비가 달라지기 때문에 주의 필요)

⑩ 제작 도중 타 병원 전원은 제한되며, 중단 시 해당 단계까지 비용 부담한다.
(단, 요양기관의 폐업으로 시술 진행이 불가능한 경우 증빙자료 제출 시 급여적용 가능)

⑪ 환자의 부주의로 다시 제작할 경우 비급여로 적용하여야 한다.

⑫ 임시틀니만 제작하는 경우 비급여 대상이다.

⑬ 무상유지관리는 시술 완료한 요양기관에서만 가능하다.

<table>
<tr><th>구분</th><th colspan="2">완전틀니</th><th>부분틀니</th></tr>
<tr><td>대상자</td><td colspan="2">만 65세 이상으로 상악 또는 하악에
치아가 전혀 없는 경우 (무치악 환자)</td><td>만 65세 이상으로 상악 또는 하악에 치아가 일부 상실된 경우
(부분 무치악 : 기능을 하는 잔존치아를 이용하여 틀니 제작)</td></tr>
<tr><td>틀니 종류</td><td colspan="2">레진상 완전틀니
금속상 완전틀니</td><td>클라스프(고리) 유지형 금속상 부분틀니
※ 어태치먼트(똑딱이) 등 특수 부분틀니는 급여 제외</td></tr>
<tr><td rowspan="3">권장 재료</td><td>레진상 완전틀니</td><td>금속상 완전틀니</td><td rowspan="2">열중합형의치상용레진,
다중중합레진치아,
코발트크롬 금속류</td></tr>
<tr><td>열중합형
의치상용레진,
다중중합레진치아,
유리섬유 보강재</td><td>열중합형
의치상용레진,
다중중합레진치아,
코발트크롬 금속류</td></tr>
<tr><td colspan="3">※ 귀금속(금, 티타늄 등) 사용 틀니는 급여제외</td></tr>
<tr><td>틀니 단계</td><td colspan="2">1 ~ 5단계</td><td>1 ~ 6단계</td></tr>
<tr><td>임시 틀니</td><td colspan="2">완전틀니 제작을 전제로 발치 후 임시 완전틀니 제작이 필요한 자</td><td>부분틀니 제작을 전제로 임시부분틀니 제작이 필요한 자</td></tr>
<tr><td rowspan="2">시행일</td><td>레진상 완전틀니</td><td>금속상 완전틀니</td><td rowspan="2">2013.7.1.</td></tr>
<tr><td>2012.7.1</td><td>2015.7.1</td></tr>
<tr><td>본인 부담률</td><td colspan="3">요양급여비용 총액의 30%
※ 차상위대상자 : 희귀난치성질환자(5%), 만성질환자(15%)
※ 의료급여대상자 : 1종(5%), 2종(15%)</td></tr>
<tr><td>급여 적용 기간</td><td colspan="3">7년에 1회(1악당), 추가보상 불가
※ 단, 구강상태가 심각하게 변화되어 새로운 틀니가 필요하다는 의학적 소견이 있는 경우 1회에 한해 급여적용 가능
※ 화재 · 수해 등 천재지변으로 기존에 사용하던 건강보험적용 틀니가 분실 또는 파손된 경우 1회에 한해 급여적용 가능
[자연재해대책법시행규칙. 별지 제16호 서식]</td></tr>
<tr><td>무상 유지 관리</td><td colspan="3">틀니 장착 후, 3개월 내 6회에 한하여 시술료 없이 진찰료만 산정</td></tr>
</table>

4) 급여틀니 등록방법 및 절차

〈 건강보험 & 의료급여 환자의 등록신청 과정 〉

❶	❷	❸	❹
대상자 판정	등록 신청	등록 및 결과 확인	시술
치과 병 · 의원	환자	치과 병 · 의원	치과 병 · 의원

치과 병 · 의원에서 '(신)요양기관정보마당 – 회원서비스 – 노인틀니 급여관리 – 틀니 대상자 신청/조회'에서 기등록내용 확인 → 신규등록 [레진상완전틀니 신청/금속상완전틀니 신청/부분틀니 신청] → 대상자등록(주민등록번호, 성명) 조회 → 수진자정보/요양기관확인란/신청인 정보 입력 → 저장

※ (신)요양기관정보마당 https://medicare.nhis.or.kr/portal/index.do

※ 신청서는 반드시 인쇄하여 환자 서명 후 보관한다.

〈 등록내역 변경/해지/취소 신청 방법 〉

착오입력 하였을 경우, 당일 입력한 건에 한해 요양기관에서 삭제(등록취소) 가능하고, 당일 경과 건은 변경/해지/취소 신청서를 작성하여 공단(지사)으로 제출하고 필요 시 증빙자료(진료기록부 등)를 첨부하여 제출한다.

① 변경/취소 신청 (요양기관 요청)

- 변경 : 시술시작일, 요양기관기호, 치과의사면허번호 등을 변경할 경우
- 취소 : 시술부위 · 틀니 종류를 착오 입력하였을 경우,
  임시틀니 제작여부를 누락한 경우, 등록내역을 취소하고자 할 경우
  (※ 요양급여비용 청구 건의 경우 건강보험심사평가원으로 요양급여비용 자진환수 신청 후, 해당 환수내역을 첨부하여 신청)

② 해지 신청 (수진자 요청)

: 수진자가 임의로 등록내역의 해지를 요청할 경우 (※ 7년간 급여 제한)

※ 의료급여 대상자가 틀니제작 중 건강보험으로 자격 변동되었을 경우,

별도의 추가 등록 없이 자동으로 연계되어 건강보험의 틀니 대상자로 등록되며 새로운 등록번호가 생성된다. 단, 자격변동신고일로부터 7~10일 정도가 소요되며, 급여비용 청구 시 건강보험 등록번호를 확인한 후 해당 단계부터 청구한다.

4. 틀니 유상유지관리

유지관리행위			인정 횟수	산정 단위	상대가치점수	진료비
의치 조직면 개조	첨상 (Relining)	직접법	1	악당	1182.79	113,550
		간접법	1	악당	2297.60	220,570
	개상(Rebasing)		1	악당	2906.67	279,040
	조직조정 (Tissue Conditioning)		2	악당	768.13	73,740
의치수리	인공치수리		2	치당	765.00	73,440
	의치상수리		2	악당	1182.79	113,550
의치조정	의치상조정		2	악당	781.72	75,050
	교합조정	단순	4	악당	348.71	33,480
		복잡	1	악당	788.52	75,700
클라스프 수리		단순	2	악당	765.00	73,440
		복잡	1	악당	1558.27	149,590

1) 산정기준

– 대상자 : 만 65세 이상 레진상 · 금속상 완전틀니, 클라스프 유지형 부분틀니 장착자로 해당 요양기관 및 타 원에서 제작한 틀니의 유지관리를 받고자 하는 경우 적용 가능하다. (급여 틀니, 비급여 틀니 모두 가능)

– 요양기관정보마당 → 노인틀니유지관리 행위 조회/등록
– 적용 상병명 : Z46.3 치과보철 장치의 부착 및 조정
– 최종 장착 후 무상 수리기간인 3개월 이내 6회를 경과한 후에는 틀니 유상유지관리 항목별 인정기준에 따라 산정할 수 있다.
(임시틀니는 무상/유상유지관리에서 제외)
– 각 항목별 급여 적용이 가능한 인정횟수 내에서만 청구 가능하다.
(적용 기준 : 매년 1월 1일 ~ 12월 31일)
– 틀니 유지관리 항목별 연간 급여 인정횟수를 초과한 경우 전액 본인 부담 금액이 발생한다.
– 간단한 잇몸처치, 의치관리 및 교육을 시행한 경우 진찰료만 산정하며, 필요에 따라 원외처방전 발급도 가능하다.
– 진찰료, 치료재료 및 약제는 별도 산정 불가하다.
– 본인부담률
 ◆ 건강보험가입자 : 요양급여비용 총액의 30%
 ◆ 의료급여대상자 : 1종(5%), 2종(15%)
 ◆ 차상위대상자 : 희귀난치성질환자(5%), 만성질환자(15%)

2) 틀니유지관리 행위항목별 산정기준

(1) 의치 조직면 개조 (1악당)

① 첨상 (Relining) [악당 1회]

• 직접법: 의치 내면의 부적합으로 의치상용 레진을 이용하여 진료실에서 의치 내면을 개조한 경우 ex) 토쿠소 레진
• 간접법: 의치 내면의 부적합과 수직고경 상실로 기능인상을 채득하여 주모형을 제작하고 교합기에 장착 후, 의치상용 레진을 적용한 경우

② 개상 (Rebasing) [악당 1회]

의치의 내면 부적합과 수직고경 상실과 의치변연 및 연마면의 조정이 필요한 경우 기능인상을 채득하여 주모형을 제작하고 교합기에 장착 후, 의치상용 레진을 적용한 경우

청구 Point !

첨상은 의치상의 일부를, 개상은 의치상의 전부를 개조하는 것으로 동시 산정 불가함을 기억!

③ 조직조정 (Tissue Conditioning) [악당 2회]

의치 하방의 연조직에 과도한 압박이나 남용이 관찰되거나 잇몸 염증이 존재하여 의치상 내면에 연질 이장재를 적용하여 일정 시간이 경과한 후 과량의 연질 이장재를 제거하는 경우

(2) 의치 수리

① 인공치 수리 (Artificial Tooth Repair) [치당 2회]

- 인공치의 마모나 파절 또는 탈락으로 인하여 인공치의 교체나 형태를 복원한 경우
- 자연치의 상실로 새로운 인공치를 부착한 경우
- 제 1치 100%, 제 2치부터 50% 산정한다.

② 의치상 수리 (Denture Base Repair) [악당 2회]

의치상용레진을 이용하여 부러진 의치를 원래 형태로 수리 복원하는 경우

(3) 의치 조정

① 의치상 조정 (Denture Base Adjustment) [악당 2회]

의치의 사용으로 조직에 궤양이나 불편감이 존재하여 조직면, 연마면 부분의 조정이 필요한 경우 압력 지시재를 사용하여 과도한 압력부위를 삭제한 후 의치 내면을 조정하는 경우

② 교합조정 (Occlusal Adjustment) [단순 - 악당 4회, 복잡 - 악당 1회]

- 단순 : 의치 착용 후 경미한 교합 오차가 있어 구강 내에서 직접 교합조정을 시행한 경우
- 복잡 : 의치 착용 후 교합 부조화 양상이 존재하여 의치 장착 상태에서 인상채득 후 의치와 재부착 모형을 교합기에 옮겨 교합조정을 시행한 경우 (「접촉 후 미끌림」이 1mm 이상)

(4) 클라스프 수리 (Clasp Repair) [단순 - 악당2회, 복잡 - 악당1회]

- 단순: 가공선을 이용하여 파절된 클라스프(clasp)를 수리한 경우
- 복잡: 주조법으로 파절된 클라스프(clasp)를 제작하여 수리한 경우

3) 틀니 유지관리 등록 및 절차방법

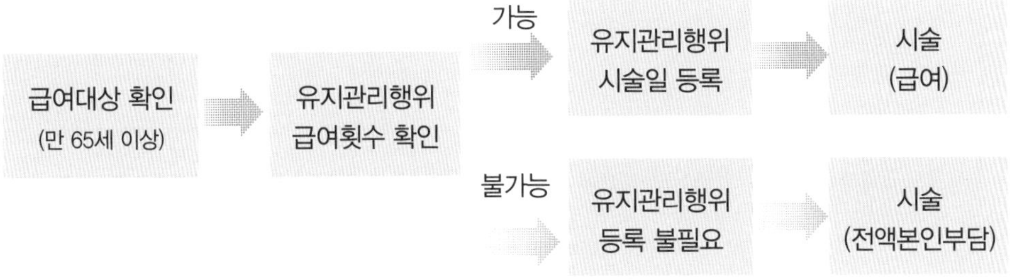

(신)요양기관정보마당(https://medicare.nhis.or.kr/portal/index.do) 사이트 접속 로그인(공인인증서) → 회원서비스 → 노인틀니 유지관리 행위 → 틀니 유지관리 행위 조회/등록

[서식1]

건강보험 틀니 대상자 등록 신청서

① □ 신규
□ 재등록 (□ 전 요양기관 폐업 □ 구강구조 변화에 따른 재제작 □ 천재지변)

※ 유의사항 및 작성방법은 뒷면을 참고하여 주시기 바랍니다. (앞면)

등록번호	상악		접수일자	
	하악			

② 수진자	성명	주민등록번호	건강보험증번호
	주소 ( )		휴대전화
	자택전화	등록결과 통보방법 ■ 문자서비스 ※ 요양기관에서 등록 결과 확인 가능	

③ 요양기관 확인란	상병명	사고, 발치 또는 국한성 치주병에 의한 치아상실	상병기호	K08.1
	시술시작일			
	(1) 시술부위 및 틀니 종류			
	□ 상악	□ 완전틀니(레진상) □ 완전틀니(금속상) □ 부분틀니 □ 임시틀니		
	□ 하악	□ 완전틀니(레진상) □ 완전틀니(금속상) □ 부분틀니 □ 임시틀니		
	(2) 재등록 단계 (재등록자만 해당)		단계	
	위에 기록한 사항이 사실임을 확인함 년 월 일 요양기관명(기호) : ( ) 전화번호 : (요양기관 직인) 담당의사 면허번호, 성명 : , (서명 또는 인)			

위와 같이 건강보험 틀니 대상자 등록을 신청합니다.

년 월 일

④신청인 (서명 또는 인)

수진자와의 관계 (   ) 전화번호 (   )

1. 국민건강보험법 제44조(비용의 일부부담)

2. 국민건강보험법 시행령 제19조(비용의 본인부담), 제81조(민감정보 및 고유식별정보의 처리)

- 공단은 위 법령 등에서 정하는 소관 업무수행을 위하여 신청인 성명, 전화번호, 수진자와의 관계, 수진자 성명, 주민등록번호, 외국인등록번호, 주소, 전화번호, 요양기관 확인란에 기록된 개인정보, 건강보험증번호를 수집·이용할 수 있습니다.
- 공단이 수집·이용하고 있는 개인정보는 개인정보 보호법에 따른 경우에만 제3자에게 제공됩니다.

국민건강보험공단 이사장 귀하

210mm×297mm[일반용지(재활용품) 60g/㎡]

(뒷면)

노인틀니 급여 서비스 안내

- 만 65세 이상으로,
  - **완전틀니(레진상, 금속상)**는 상악 또는 하악에 **치아가 전혀 없는 어르신에게,**
  - **부분틀니**는 상악 또는 하악에 **부분 치아결손으로 남은 치아를 이용하여 부분틀니 제작이 가능한** 어르신에게 **건강보험이 적용됩니다.**
- 건강보험이 적용되는 틀니는 **레진상 및 금속상 완전틀니, 클라스프(고리) 유지형 부분틀니** 입니다.(피개의치, 귀금속 재료 틀니, Telescopic, Attachment 부분 틀니 등은 비급여)
- 건강보험 대상자 본인부담금은 **요양급여비용 총액의 30%, 각 단계별** 비율로 **부담합니다.**

단계	완전틀니(레진상 / 금속상)		부분틀니	
	진료내용	비율(%) (누적)	진료내용	비율(%)(누적)
1	진단·치료계획	15 / 13	진단·치료계획	12
2	인상 채득	25 (40) / 27 (40)	지대치 형성 및 인상 채득	14 (26)
3	악간 관계 채득	15 (55) / 21 (61)	금속구조물 시적	30 (55)
4	납의치 시적	20 (75) / 17 (78)	최종 악간 관계 채득	9 (65)
5	의치장착·조정	25(100) / 22(100)	납의치 시적	8 (73)
6			의치장착·조정	27 (100)

- **차상위대상**(희귀난치성질환자 5%, 만성질환자 15%), **의료급여**(1종 5%, 2종 15%)

- 틀니 장착 후, 무상 수리는 **3개월 이내 6회**(진찰료만 부담)까지 가능합니다.
  무상 수리기간 종료 후 첨상(Relining) 및 개상(Rebasing) 등 **필수 유지관리행위**는 보험적용되며, **기존 레진상, 금속상 완전틀니 또는 클라스프 부분틀니가 있는 분도 유지관리행위에 보험 적용이 됩니다.**
- 틀니 급여주기는 **7년(악당)에 1회입니다.**
  틀니 제작 도중 병원을 옮기거나, 7년 이내에 환자 부주의로 새로 틀니를 제작 할 경우는 비급여로 적용됩니다.
- **임시틀니(완전)는 완전틀니(레진상, 금속상) 제작 전 치아를 새로이 발치한 무치악 환자가** 희망하는 경우, **임시틀니(부분)는 클라스프 부분틀니 제작을 전제로 음식섭취 또는 대외활동이 어려워 제작을 원하는 경우** 건강보험이 적용됩니다.(본인부담률 **30%**)

유의사항 및 작성방법

유의사항

1. **'재등록'**은 구강상태가 심각하게 변화되어 새로운 틀니가 필요한 경우 7년 이내에 재제작(소견서 첨부)하는 경우 또는 급여 틀니 제작 중 요양기관의 폐업으로 시술진행이 불가능한 경우에 해당하며, 신청서 및 증빙자료(폐업의 경우 공단이 확인, 증빙자료 불요)를 첨부하여 공단으로 제출하여야 급여적용이 가능합니다.
2. ③ 요양기관 확인란 확인사항의 (1)번이 확인되어야 건강보험 틀니 대상자로 등록이 가능합니다.
3. **요양기관 확인란**은 반드시 **치과의사**가 확인하여야 합니다.
4. 틀니 대상자 등록신청서 발급 비용은 진찰료에 포함되어 별도 부담하지 않습니다.

작성방법

① : 처음 또는 틀니 급여 후 7년 경과에 따라 건강보험 틀니 대상자로 등록하는 경우 **'신규'**에 √ 표시. 재등록 사유에 해당할 경우 **'재등록'** 및 해당 사유란에 √ 표시합니다.
"천재지변"의 경우는 자연재해대책법 시행규칙 [별지 제16호 서식] "피해사실확인서"를 첨부합니다.

② : 수진자의 성명을 한글로 기재하고, 건강보험증에 기재된 주민등록번호를 기재합니다.
- 외국인(재외국민)은 외국인 및 재외국민 등록번호를 기재합니다.
- 자택 및 휴대전화 중 하나를 반드시 기재합니다. 기재한 **휴대전화번호**로 틀니대상자 **등록 결과가 통보**됩니다.

③ : 요양기관에서 기재하는 항목입니다.
- **시술시작일**은 **1단계 진료일**(임시틀니 제작 시 **임시틀니 시작일**)을 정확히 기재하여야 합니다.

④ : 신청인은 다음에 해당하는 사람이어야 합니다.
- 수진자(만65세 이상 건강보험 가입자 및 피부양자)
- 가족 : 「민법」 제779조에 따른 가족으로 배우자, 직계혈족, 형제자매, 직계혈족의 배우자, 배우자의 직계혈족 및 배우자의 형제자매

210mm×297mm[일반용지(재활용품) 60g/㎡]

[별첨]

■ 자연재해대책법 시행규칙 [별지 제16호서식] <개정 2012.8.23>

피해사실확인서

발급번호: 제 호

피해자	주소				
	성명			생년월일	
피해 내용					
대상	단위	피해 규모	피해물의 소재지	피해 일시	재해의 종류
용도	(예시) 수해 등에 의한 노인틀니 분실(또는 파손)로 재제작 신청용				
제출처	국민건강보험공단				

위 사람이 소유(경작)하고 있던 재산에 위와 같이 피해가 있었음을 확인해 주시기 바랍니다.

년 월 일

신청인: 성 명 (인)
생 년 월 일
주 소

특별자치시장 · 시장 · 군수 · 구청장
읍 · 면장 귀하

위 사실을 확인함.

년 월 일

특별자치시장 · 시장 · 군수 · 구청장 직인

※ 이 확인서는 발급일부터 3개월간 유효합니다.

210㎜×297㎜[백상지 80g/㎡]

[서식2]

건강보험 틀니 대상자 변경/해지/취소 신청서

※ 뒷면의 유의사항 및 작성방법을 참고하여 작성해 주시기 바랍니다. (앞면)

① 등록내역	등록번호	□ 상악		틀니 종류		시술 시작일	
		□ 하악					
	수진자 정보	성명			건강보험증번호		
		주민번호			전화번호		
	요양기관 정보	요양기관기호		요양기관명		전화	

□ ②변경	변경신청	신청구분	□ 수진자 요청 □ 요양기관 요청 □ 기타	
		사유기재		
	변경내용	항목	변경 전	변경 후
		(변경항목기재)		
□ ③해지	해지신청	신청구분	□ 수진자 요청	
		사유기재		
	※ 시술시작일로부터 7년간 급여가 제한됩니다.			
□ ④취소	취소신청	신청구분		
		사유기재		
	요양급여비용(공단부담금) 청구 여부			
	□ 청구안함		□ 청구완료	
	※ 청구완료에 체크한 경우, 건강보험심사평가원에 자진환수 요청 후 환수 완료된 증빙자료를 제출하여 주시기 바랍니다.			

위와 같이 건강보험 노인틀니 대상자 변경/해지/취소를(을) 신청합니다.

년 월 일

신청기관 또는 신청인	□요양기관	요양기관명(기호) : ( ) (직인)
		담당의사(면허번호) : ( ) (서명 또는 인)
	□수진자	⑤ 신청인 : (서명 또는 인)
		수진자와의 관계 ( ) 전화번호 ( )

1. 국민건강보험법 제44조(비용의 일부부담)
2. 국민건강보험법 시행령 제19조(비용의 본인부담), 제81조(민감정보 및 고유식별정보의 처리)
- 공단은 위 법령 등에서 정하는 소관 업무수행을 위하여 신청인 성명, 전화번호, 수진자와의 관계, 수진자 성명, 주민등록번호, 외국인등록번호, 주소, 전화번호, 요양기관 확인란에 기록된 개인정보, 건강보험증번호를 수집·이용할 수 있습니다.
- 공단이 수집·이용하고 있는 개인정보는 개인정보 보호법에 따른 경우에만 제3자에게 제공됩니다.

국민건강보험공단 이사장 귀하

210mm×297mm[일반용지(재활용품) 60g/㎡]

(뒷면)

유의사항

1. 요양기관 요청에 의한 **변경/취소**는 반드시 요양기관 **직인** 및 치과의사의 **서명**이 있어야 합니다.
2. 신청한 내용에 대한 변경사항이 있을 경우, 변경 항목을 기재하여 신청합니다.
   ※**시술부위, 틀니종류**에 대한 변경 : 공단에 **취소신청** 후 요양기관에서 다시 **등록**합니다.
3. ②**'시술시작일'을 변경**할 경우, 진료기록지 등 증빙자료를 첨부하셔야 합니다.
4. ③**'해지'**는 수진자 요청에 의해서만 가능하며, **7년간 급여가 제한**되므로 신중히 결정하셔야 합니다.
5. ④**'취소'**는 요양기관 요청에 의해서만 가능하며, 이미 요양급여비용을 청구한 경우 건강보험심사평가원에 요양급여비용 자진환수 후 환수내역을 첨부하셔야 합니다.

작성방법

① : 건강보험 틀니 대상자 **등록 내역을 정확히** 기재합니다.
②, ③, ④ : 등록된 내용을 변경, 해지, 취소하고자 할 경우, 해당 항목에 √ 표시하고 관련내용을 기재합니다.
⑤ : **신청인**은 수진자 본인 또는 가족(「민법」 제779조에 따른 가족으로 배우자, 직계혈족, 형제자매, 직계혈족의 배우자, 배우자의 직계혈족 및 배우자의 형제자매)입니다.

210mm×297mm[일반용지(재활용품) 60g/㎡]

[서식3]

건강보험 틀니 유지관리 행위 등록내역 취소 신청서

※ 아래 유의사항 및 작성방법을 참고하여 작성해 주시기 바랍니다.

① 등록내역	시술부위	□상악 □하악	시술행위 항목		시술 등록일자	
	수진자 정보	성명		주민등록번호		
	요양기관 정보	요양기관기호		요양기관명		
②취소	취소사유					
	요양급여비용(공단부담금) 청구 여부					
	□ 청구안함			□ 청구완료		
	※ 청구완료에 체크한 경우, 건강보험심사평가원에 자진환수 요청 후 환수 완료된 증빙자료를 제출하여 주시기 바랍니다.					

위와 같이 건강보험 틀니 유지관리행위 등록내역 취소를 신청합니다.

년 월 일

신청기관	요양기관명(기호) : ( ) (직인) 전화번호 : ( ) 담당의사(면허번호) : ( ) (서명 또는 인)

국민건강보험공단 이사장 귀하

유의사항

1. 틀니 유지관리 행위를 등록한 요양기관에서만 신청이 가능합니다.
2. 반드시 요양기관 직인 및 치과의사의 서명이 있어야 합니다.

작성방법

① : 등록된 '틀니 유지관리 행위' 내용을 기재합니다.
- 수진자의 성명을 한글로 기재하고, 건강보험증에 기재된 주민등록번호를 기재합니다.
- 외국인(재외국민)은 외국인 및 재외국민 등록번호를 기재합니다.

② : 등록내역을 취소하고자 하는 사유를 구체적으로 기재합니다.

210mm×297mm[일반용지(재활용품) 60g/㎡]

[서식4]

건강보험 틀니유지관리 행위 등록 요청서

※ 아래 유의사항 및 작성방법을 참고하여 작성해 주시기 바랍니다.

① 등록정보	수진자 성명		주민등록번호	
	시술부위	□상악 □하악	전화번호	

② 유지관리항목	유지관리 행위		분류코드	급여인정 횟수	신청	시술등록일
	첨상	직접법	U1511	연 1회	□	
		간접법	U1512	연 1회	□	
	개상		U1513	연 1회	□	
	조직조정		U1514	연 2회	□	
	인공치 수리		U1521	연 2회	□	
	의치상 수리		U1522	연 2회	□	
	의치상 조정		U1531	연 2회	□	
	교합조정	단순	U1532	연 4회	□	
		복잡	U1533	연 1회	□	
	클라스프 수리	단순	U1541	연 2회	□	
		복잡	U1542	연 1회	□	

"요양급여의 적용기준 및 방법에 관한 세부사항 고시(제2012-119호, '12.9.14." 관련,
위와 같이 건강보험 틀니유지관리 행위 등록을 신청합니다.

년 월 일

신청기관	요양기관명(기호) : ( ) 전화번호 : ( ) (직인) 담당의사(면허번호) : ( ) (서명 또는 인)

국민건강보험공단 이사장 귀하

유의사항

※ 반드시 요양기관 직인 또는 담당 의사의 서명이 있어야 합니다.

※ (신)요양기관 정보마당에서 전산장애 등의 이유로 틀니유지관리 행위등록 입력이 안 될 경우만 신청서 사용이 가능합니다.

작성방법

① 수진자의 성명과 주민등록번호, 시술부위를 선택(√)하고, 시술등록일을 기재합니다.

- 외국인(재외국민)은 외국인 및 재외국민 등록번호를 기재합니다.

② 유지관리항목 및 분류코드를 확인하고, 해당 항목을 신청(√)합니다.

210mm×297mm[일반용지(재활용품) 60g/㎡]

6. 치과 임플란트

1. 치과 임플란트 (Dental Implant)

구 분	치과의원		치과병원	
	상대가치점수	진료비	상대가치점수	진료비
1단계. 진단 및 치료계획	1,336.35	128,920	1,394.45	133,870
2단계. 고정체 식립술	5,746.31	551,650	5,996.15	575,630
3단계. 보철수복	6,280.86	602,960	6,553.94	629,180

1) 산정기준

- 대상자: 65세 이상 상악 또는 하악의 부분 무치악 환자
- 적용 상병명: K08.1 사고, 추출 또는 국한성 치주병에 의한 치아상실
- 공단사전등록제
- 급여 보장 범위
  - ■ 급여적용 개수: 1인당 평생 2개
  - ■ 적용부위: 상 · 하악 구분 없이 전 · 구치부에 적용
  - ■ 급여재료
    - • 식립재료: 분리형 식립재료

      (※ 분리형 식립재료 고정체와 지대주 중 일부 품목은 「국민건강보험 요양급여의 기준에 관한 규칙」 별표2. 비급여 대상 제4호 거목에 따라 비급여)
    - • 보철수복재료: PFM Crown(비귀금속도재관)

- 치과임플란트 시술 시 별도 비급여 가능한 항목
  - ◆ 골 이식술 및 상악동 거상술
  - ◆ 맞춤형 지대주(Custom Abutment)
  - ◆ 치과 임플란트 Bridge의 인공치(Pontic)

- 치과 임플란트 시술 전체 비급여
  - ◆ 완전 무치악 환자에게 시술하는 경우
  - ◆ 상악골을 관통하여 관골에 식립하는 경우
  - ◆ 일체형 식립재료로 시술하는 경우
  - ◆ 보철수복 재료를 비귀금속도재관(PFM Crown)이외로 시술하는 경우

- 고정체(Fixture) 식립술의 재수술 인정 기준
  - ◆ 동일요양기관에서 2단계(고정체식립술) 시술 후 골유착에 실패하여, 고정체(Fixture)를 제거하고 재식립술을 실시하는 경우 2단계 소정점수의 50%를 1회에 한하여 산정. 이 경우 고정체 제거술은 별도 산정하지 아니하며, 사용된 고정체 재료는 인정함.

2) 본인부담률

- 건강보험가입자 : 요양급여비용 총액의 30%
- 의료급여대상자 : 1종 10%, 2종 20%
- 차상위대상자 : 희귀난치성질환자 10%, 만성질환자 20%

3) 진료비 지불방식

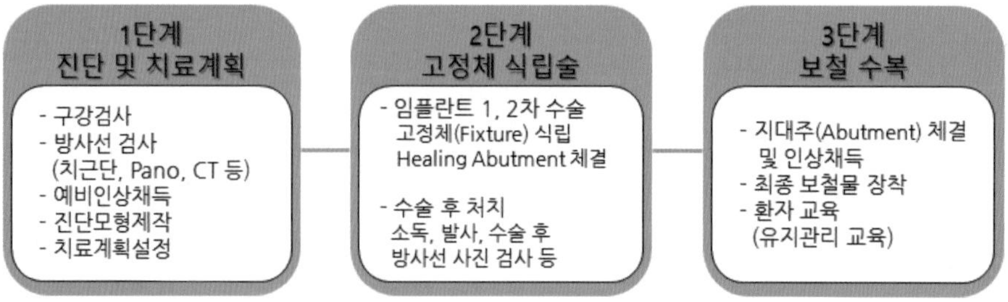

- 진료 단계별(3단계) 묶음 수가 방식
- 진료 단계별로 비용을 산정하고 청구는 각 진료단계 종료 시 청구
- 보철수복 이전에 진료가 중단된 경우에는 해당 단계까지만 비용을 산정한다.

– 2단계 시술재료인 분리형 식립재료의 고정체(Fixture), 3단계 시술재료인 지대주(Abutment)는 별도 산정하고, 그 외 재료(Cover Screw, Healing Abutment 등) 및 보철 수복재료는 별도 산정 불가하다.

(※ 급여품목으로 등재된 치과임플란트 고정체(Fixture), 지대주(Abutment)는 재료구입 해야 함)

– 맞춤형 지대주(Custom Abutment)를 사용한 경우 3단계 행위로만 산정한다.

4) 치과 임플란트 유지관리

– 보철장착 후 3개월 이내 : 진찰료만 산정 (※ 시술받은 요양기관에서만 가능)

– 보철장착 후 3개월 이후

· 치과임플란트 주위 치주질환 등으로 처치 및 수술을 시행한 경우
해당 급여항목으로 산정

· 임플란트 교합면 나사삽입구 재충전 : 충전(와동형성+충전+재료대), 충전물연마

· 임플란트 보철물 재부착 : 보철물 재부착

※ 보철수복과 관련된 유지관리는 비급여

◆ 지대주 나사 풀림 또는 파절 : 나사 조임 또는 교체

◆ 보철물 도재 파절 : 보철물 제거 후 보철물 수리 또는 재제작

◆ 인접치아 사이에 음식물 끼임 현상 : 인접면 재료첨가 또는 재제작

◆ 지대주 파절 : 보철물 재제작

◆ 기타 : 보철물 외형조정 또는 구강외 세정을 위해 보철물 제거 및 재장착

5) 치과임플란트 건강보험 대상자 신청방법 및 절차

〈 등록방법 및 절차 〉

❶ 대상자 판정	→	❷ 등록 신청	→	❸ 등록 및 결과 확인	→	❹ 시술
치과 병 · 의원		환자		치과 병 · 의원		치과 병 · 의원

치과 병 · 의원에서 '(신)요양기관 정보마당(http://medicare.nhis.or.kr/portal/index.do) – 회원서비스 → 치과임플란트 → 치과임플란트 대상자 신청/조회'에서 기등록내용 확인 → 신규신청하기 → 대상자등록(주민등록번호, 성명) 조회 → 수진자정보/요양기관확인란/신청인 정보 입력 → 저장
(※ 신청서는 반드시 인쇄하여 환자 서명 후 보관한다.)

〈 등록내역 시술중지/변경/해지/취소 신청 방법 〉

※ 착오입력 하였을 경우, 당일 입력한 건에 한해 삭제(등록취소)가 가능
당일 경과건은 공단(지사)으로 변경/해지/취소 신청서를 작성하고 필요 시 증빙자료(진료기록부 등)를 첨부하여 제출한다.

① 시술중지/변경/취소 신청(요양기관 요청)

- 시술중지 : 2단계 시술실패(골유착실패)인 경우에 한하여 시술중지 신청 가능함.
- 변경 : 시술시작일, 요양기관기호, 치과의사면허번호 등을 변경할 경우
- 취소 : 치식 번호를 잘못 입력하였을 경우, 등록내역을 취소하고자 할 경우
  (※ 요양급여비용 청구 건의 경우 건강보험심사평가원으로 요양급여비용 자진환수 신청 후, 해당 환수내역을 첨부하여 신청)

② 해지신청(수진자 요청)

: 수진자가 임의로 등록내역의 해지를 요청할 경우 (※ 평생인정개수 포함)

③ 재시술 등록

〈 동일요양기관에서 2단계를 재시술하는 경우 〉

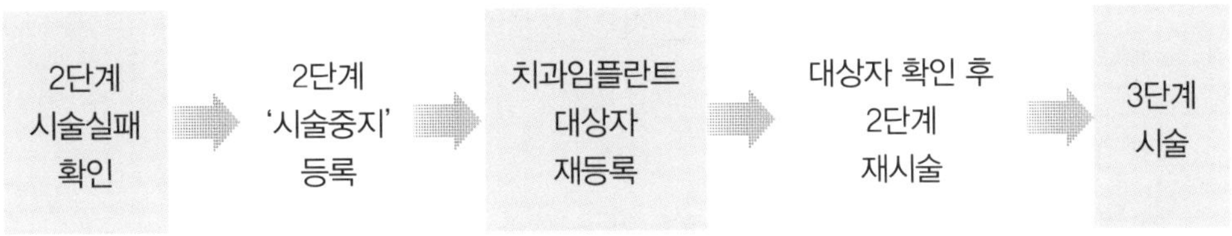

〈 타 병원에서 2단계를 재시술하는 경우 〉

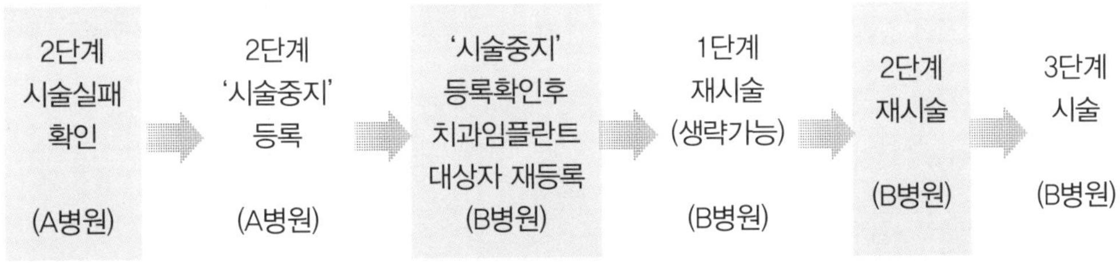

※ 의료급여 대상자가 치과 임플란트 중 건강보험으로 자격 변동되었을 경우, 별도의 추가 등록없이 자동으로 연계되어 건강보험의 치과 임플란트 대상자로 등록되며 새로운 등록 번호가 생성된다. 단, 자격변동신고일로부터 7~10일 정도가 소요되며, 급여비용 청구 시 건강보험 등록번호를 확인한 후 청구한다.

2. 임플란트 제거술 (Dental Implant Removal)

임플란트 제거술 (1치당)	가.단순 - 상대가치점수(109.10) 진료비(10,470원) 나.복잡 - 상대가치점수(885.14) 진료비(84,970원)

◆ 단순 : 임플란트주위염 등으로 동요도가 있는 경우 산정한다.

◆ 복잡 : 동요도가 없는 임플란트주위염, 파절, 신경손상 등으로 Trephine Bur 또는 별도의 전용 제거 Kit를 사용하여 제거하는 경우 산정하며, Burr(가) 산정 가능하다.

1) 산정기준

- 마취, 방사선 촬영 비용은 별도 산정 가능하다.
- 보철수복 완료 3개월 이후에 산정 가능하다.
- 연령에 관계없이 임플란트를 제거한 경우 산정한다.
- 동일부위 치은박리소파술과 치과임플란트 제거술을 동시에 시행한 경우에는 높은 수가 100%, 낮은 수가 50%로 산정한다.
- 적용 가능 상병명 예시 (제거를 하는 주원인 상병 적용)
  - ◆ T85.6 치과보철물의 파절 및 상실
  - ◆ K05.31 만성 복합 치주염

[서식1]
(앞면)

건강보험 치과임플란트 대상자 등록 신청서

① (□ 신규 □ 재등록)

등록번호		접수일자	

②수진자	성명	주민등록번호	건강보험증번호
	주소 ( )		휴대전화
	자택전화	등록결과 통보방법	■ 문자서비스 ※ 요양기관에서 등록 결과 확인 가능

③요양기관 확인란	상병명	사고, 발치 또는 국한성 치주병에 의한 치아상실	상병기호	K08.1
	시술시작일			
	치식번호	* 치식번호: 우상(11~18), 좌상(21~28), 좌하(31~38), 하(41~48)		
	재등록 ※재등록시에만 작성합니다.	요양기관 구분	재등록 시술 시작 단계	
		□ 동일요양기관 재등록	□ 2단계	
		□ 타요양기관 재등록	□ 1단계 □ 2단계 □ 3단계	
		재등록 사유 □ 2단계 시술 실패(골유착실패) □ 요양기관 폐업 등 불가피한 사유로 진료진행이 불가한 경우		
	위에 기록한 사항이 사실임을 확인함 년 월 일 요양기관명(기호) : ( ) (요양기관 직인) 전화번호 : 담당치과의사 면허번호, 성명 : , (서명 또는 인)			

위와 같이 건강보험 치과임플란트 대상자 등록을 신청합니다.

년 월 일

④신청인 (서명 또는 인)

수진자와의 관계 ( ) 전화번호 ( )

1. 국민건강보험법 제44조(비용의 일부부담)
2. 국민건강보험법 시행령 제19조(비용의 본인부담), 제81조(민감정보 및 고유식별정보의 처리)
- 공단은 위 법령 등에서 정하는 소관 업무수행을 위하여 신청인 성명, 전화번호, 수진자와의 관계, 수진자 성명, 주민등록번호, 외국인등록번호, 주소, 전화번호, 요양기관 확인란에 기록된 개인정보, 건강보험증번호를 수집·이용할 수 있습니다.
- 공단이 수집·이용하고 있는 개인정보는 개인정보 보호법에 따른 경우에만 제3자에게 제공됩니다.

국민건강보험공단 이사장 귀하

210mm×297mm[일반용지(재활용품) 60g/㎡]

(뒷면)

치과임플란트 급여 안내

▪ 만 65세 이상으로,
부분무치악 어르신(완전무치악 제외)에게 **분리형 식립재료**와 **비귀금속도재관 (PFM crown) 보철수복**으로 시술된 치과임플란트에 한하여 보험급여 적용이 됩니다.

▪ 급여 적용 개수는 **1인당 평생 2개 이내**입니다.

▪ 원칙적으로 진료단계 중 환자가 병·의원을 이동하는 것은 불가능합니다.

▪ **건강보험** 대상자의 본인부담금은 **요양급여비용 총액의** 30%이고, 이 중 **차상위대상 희귀난치성질환자**(C)는 10%, **만성질환자**(E, F)은 20%입니다.

▪ 분리형 식립재료의 **고정체**(Fixture), **지대주**(Abutment)는 **별도 산정**하고, 그 외 재료(Cover screw, Healing abutment 등) 및 보철수복재료는 찬11 치과임플란트 수가에 포함되어 별도 산정할 수 없습니다.

▪ 치과임플란트의 사후관리기간은 보철 장착 후 **3개월**(진찰료만 부담)까지 입니다.

▪ 치과임플란트 시술 시 필요에 따라 시행하는 **부가수술(골이식술 등)**은 **비급여**입니다.

유의사항 및 작성방법

유의사항

1. **재등록**은 **같은 치식번호**에 한해서 가능합니다. **동일요양기관 재등록**은 '**2단계 시술 실패(골유착실패)**'인 경우에만 가능합니다.
2. **요양기관 확인란**은 반드시 **치과의사**가 확인하여야 합니다.
3. 치과임플란트 대상자 등록신청서 발급 비용은 진찰료에 포함되어 별도 부담하지 않습니다.

작성방법

① 처음 건강보험 치과임플란트 대상자로 등록하는 경우에 **'신규'**에 √ 표시하고, 건강보험 치과임플란트를 재시술하고자 할 경우 **'재등록'**에 √ 표시합니다.

② 수진자의 성명을 한글로 기재하고, 건강보험증에 기재된 주민등록번호를 기재합니다.
- 외국인(재외국민)은 외국인 및 재외국민 등록번호를 기재합니다.
- 자택 및 휴대전화 중 하나를 반드시 기재합니다. 기재한 **휴대전화번호**로 임플란트 대상자 **등록 결과가 통보**됩니다.

③ 요양기관에서 기재하는 항목입니다.
- **시술시작일**은 **1단계 진료일**을 정확히 기재하여야 합니다. 재등록 건은 재등록 시술시작단계의 시술시작일을 기재합니다.
- **치식번호**는 변경할 수 없으므로 신중히 기재합니다.

④ 신청인은 다음에 해당하는 사람이어야 합니다.
- 수진자 : 만65세 이상 건강보험 가입자 및 피부양자
- 가족 : 「민법」 제779조에 따른 가족으로 배우자, 직계혈족, 형제자매, 직계혈족의 배우자, 배우자의 직계혈족 및 배우자의 형제자매

210mm×297mm[일반용지(재활용품) 60g/㎡]

[서식2]

건강보험 치과임플란트 대상자 시술중지/변경/해지/취소 신청서

※ 아래 유의사항 및 작성방법을 참고하여 작성해 주시기 바랍니다. (앞면)

① 등록내역	등록번호		치식번호		시술시작일	
	수진자 정보	성명		건강보험증번호		
		주민등록번호		휴대전화번호		
	요양기관 정보	요양기관기호	요양기관명		전화	

□ ②시술중지	중지신청	시술중지일		
		사유	□ 2단계 시술 실패(골유착 실패)	
□ ③변경	변경신청	신청구분	□ 수진자 요청 □ 요양기관 요청 □ 기타	
		사유기재		
	변경내용	항목	변경 전	변경 후
□ ④해지	해지신청	사유기재		
	※ 해지신청건도 치과임플란트 보험인정 개수에 포함됩니다.			
□ ⑤취소	취소신청	사유기재		
	요양급여비용(공단부담금) 청구 여부			
	□ 청구안함		□ 청구완료	
	※ 청구완료에 체크한 경우, 건강보험심사평가원에 자진환수 요청 후 환수 완료된 증빙자료를 제출하여 주시기 바랍니다.			

위와 같이 건강보험 치과임플란트 대상자 시술중지/변경/해지/취소를(을) 신청합니다.

년 월 일

신청기관 또는 신청인	□요양기관	요양기관명(기호) :	( )	(직인)
		담당의사(면허번호) :	( )	(서명 또는 인)
	□수진자	⑥ 신청인 :		(서명 또는 인)
		수진자와의 관계	( )	

1. 국민건강보험법 제44조(비용의 일부부담)
2. 국민건강보험법 시행령 제19조(비용의 본인부담), 제81조(민감정보 및 고유식별정보의 처리)
- 공단은 위 법령 등에서 정하는 소관 업무수행을 위하여 신청인 성명, 전화번호, 수진자와의 관계, 수진자 성명, 주민등록번호, 외국인등록번호, 주소, 전화번호, 요양기관 확인란에 기록된 개인정보, 건강보험증번호를 수집·이용할 수 있습니다.
- 공단이 수집·이용하고 있는 개인정보는 개인정보 보호법에 따른 경우에만 제3자에게 제공됩니다.

국민건강보험공단 이사장 귀하

210㎜×297mm[일반용지(재활용품) 60g/㎡]

(뒷면)

유의사항

1. 요양기관 요청에 의한 **시술중지/변경/취소**는 반드시 요양기관 **직인** 및 치과의사의 **서명**이 있어야 합니다.
2. ② **시술중지**는 대상자 등록한 요양기관 요청에 의해서만 가능하며, 3단계 시술 후에는 '시술중지'를 하실 수 없습니다.
3. ③ **변경**은 신청한 내용에 대한 변경사항이 있을 경우, 변경 항목을 기재하여 신청합니다. **'시술시작일 변경'**의 **경우** 진료기록지 등 증빙자료를 첨부하셔야 합니다.
   ※ 치식번호에 대한 변경 : 공단에 **취소신청** 후 요양기관에서 다시 **등록**합니다.
4. ④ **해지**는 수진자 요청에 의해서만 가능하며, 치과임플란트 평생인정 개수에 포함되므로, 신중히 결정하셔야 합니다.
5. ⑤ **취소**는 요양기관 요청에 의해서만 가능하며, 요양급여비용을 청구한 경우 건강보험심사평가원에 요양급여비용 자진환수신청 후 환수내역을 첨부하셔야 합니다.

작성방법

① 건강보험 치과임플란트 대상자로 **등록된 내역을 정확히** 기재합니다.
- 수진자의 성명을 한글로 기재하고, 건강보험증에 기재된 주민등록번호를 기재합니다.
- 외국인(재외국민)은 외국인 및 재외국민 등록번호를 기재합니다.

②, ③, ④, ⑤ 등록된 내용을 시술중지, 변경, 해지, 취소하고자 할 경우, 해당 항목에 √ 표시하고 관련내용을 기재합니다.

⑥ 수진자의 신청인은 다음에 해당하는 사람이어야 합니다.
- 수진자 본인
- 가족 : 「민법」 제779조에 따른 가족으로 배우자, 직계혈족, 형제자매, 직계혈족의 배우자, 배우자의 직계혈족 및 배우자의 형제자매

210mm×297mm[일반용지(재활용품) 60g/㎡]

7. 구강내과치료

2급

측두하악장애분석검사, 하악운동궤적검사, 관절음도검사, 동기능적 교합검사, 측두하악관절 자극요법, 분사신장치료, 악관절고착해소술, 악관절탈구 비관혈적 정복술

☞ 구강내과 치료의 업무 절차

1) 안면동통분야 교육을 이수한 치과의사
2) 물리치료(측두하악관절자극요법)가 실시 가능한 일정 면적의 해당 치료실 및 장비의 구비
3) 보건의료자원통합신고포털에 의료장비 현황 신고

☞ 표준화된 검사지

1) 의료기관마다 일정 내용이 포함된 측두하악장애분석검사지 사용 〈검사지는 예시 참고〉

1. 측두하악장애분석검사(Analytical Assessment Of Tempomandibular Disorders)

측두하악장애분석검사		측두하악 장애를 정말 진단하기 위해 표준화된 도구를 이용하여 치과의사가 실시하는 검사
상대가치점수 436.97	진료비 41,950원	

1) 산정기준

- 표준화한 도구(검사지)를 이용하여 분석한 경우 산정 가능하다.
- 치과의사가 직접 실시하고 분석하는 경우에 한하여 산정 가능하다.
- 치료기간 중 1회만 산정 가능하다.
- 악운동측정분석검사, 악관절촉진검사, 구강내교합검사, 저작근촉진검사 등이 포함된다.

※ TMD 검사차트 예시_[출처] 덴트웹/자료실/커스텀차트

TMD & Orofacial Pain 검사차트

환자정보 : 한 수 1135 생년월일 : 1959년 04월 08일

▶ 환자의 주소(C.C)

통증 Rt. ☐ Lt. ☐ 관절음 Rt. ☑ Lt. ☐ 개구제한 Rt. ☐ Lt. ☐ 폐구제한 Rt. ☐ Lt. ☐

VAS	0	1	2	3	4	5	6	7	8	9	10
	◉	○	○	○	○	○	○	○	○	○	○

▶ 이전 치료 경험이 있습니까?

○ 예 ◉ 아니오

▶ 환자분의 습관 / History 체크

☑ 이갈이	☑ 이악물기	☐ 편측저작
☐ 한쪽으로 누워 잠	☐ 턱 괴기	☐ 껌씹기
☐ 카페인 다량섭취	☐ 손가락 빨기	☐ 단단한 음식 좋아함
☐ 말을 많이 하는 직업	☐ 손톱 깨물기	☐ 추운 날씨에 많이 노출됨
☐ 평소 스트레스 많음	☐ 얼굴부위 외상 경험	☐ 수면시간 불규칙

▶ 하악 운동

	운동량		통증		
Comfortable mouth opening	47	mm	☑ 없음	☐ Rt.	☐ Lt.
Maximun mouth opening	47	mm	☑ 없음	☐ Rt.	☐ Lt.
Passive stretch	49	mm	☑ 없음	☐ Rt.	☐ Lt.
Protrusion	12	mm	☑ 없음	☐ Rt.	☐ Lt.
Rt. Laterotrusion	11	mm	☑ 없음	☐ Rt.	☐ Lt.
Lt. Laterotrusion	10	mm	☑ 없음	☐ Rt.	☐ Lt.

▶ 제 1 대구치 교합관계

Right	(●) C I	○ C II.	○ C III	☐	mm
Left	(●) C I	○ C II.	○ C III	☐	mm

MICP-CR deviation ☐ mm

▶ 하악 운동 양상

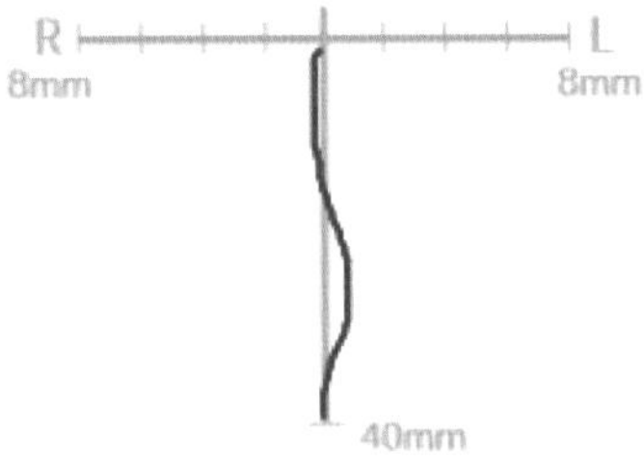

☑ Deviation ☐

☐ Deflection ☐

▶ 관절 잡음

Reciprocal Click	☐ Rt.	☐ Lt.	통증	☐ Rt.	☐ Lt.
Reproducible Opening Click	☑ Rt.	☐ Lt.	통증	☐ Rt.	☐ Lt.
Reproducible Closing Click	☐ Rt.	☐ Lt.	통증	☐ Rt.	☐ Lt.
Non-Reproducible Opening Click	☐ Rt.	☐ Lt.	통증	☐ Rt.	☐ Lt.
Non-Reproducible Closing Click	☐ Rt.	☐ Lt.	통증	☐ Rt.	☐ Lt.
Crepitus-Fine	☐ Rt.	☐ Lt.	통증	☐ Rt.	☐ Lt.
Crepitus-Coarse	☐ Rt.	☐ Lt.	통증	☐ Rt.	☐ Lt.
Popping	☐ Rt.	☐ Lt.	통증	☐ Rt.	☐ Lt.
History of Noise(not present)	☐ Rt.	☐ Lt.	통증	☐ Rt.	☐ Lt.

▶ 안면 비대칭

(●) 없음 ○ Rt. ○ Lt.

▶ 종말감

(●) Soft ○ Hard

▶ **부하 검사**

우측 부하검사	◉ 통증없음	○ Rt.	○ Lt.	○ Both
좌측 부하검사	◉ 통증없음	○ Rt.	○ Lt.	○ Both

▶ **저항 검사**

Opening	◉ 없음	○ Rt.	○ Lt.	○ Both
Closing	◉ 없음	○ Rt.	○ Lt.	○ Both

▶ **촉진 검사**

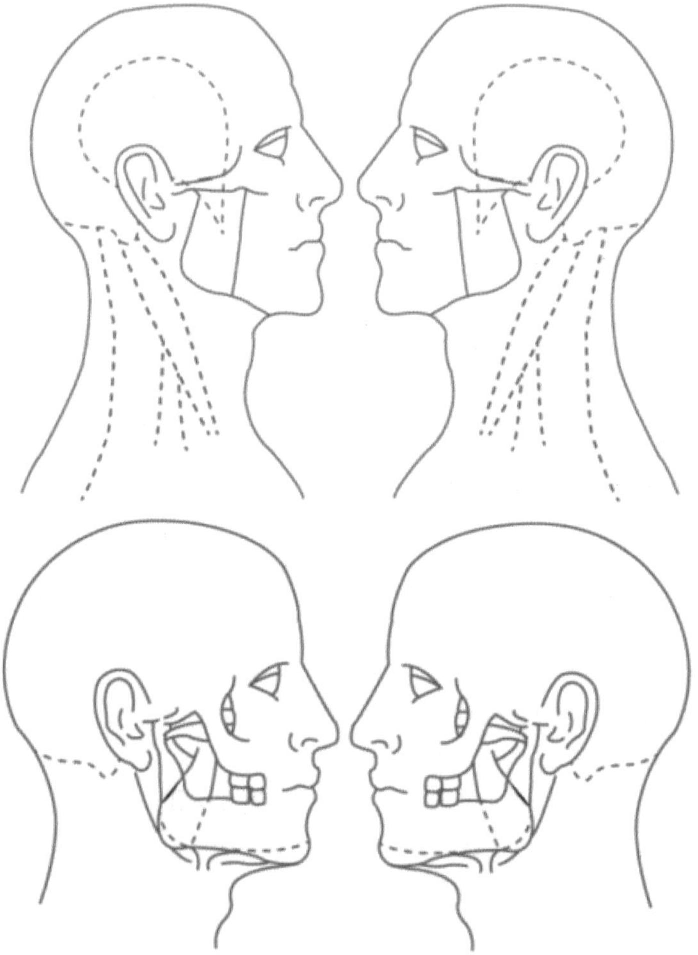

▶ **진단**

상병코드	상병명	우측	좌측
K07.60	턱관절 내장증	☐	☐
K07.61	턱관절 잡음	☐	☐
K07.62	턱관절의 재발성 탈구 및 아탈구	☐	☐
K07.63	달리 분류되지 않은 턱관절의 통증	☑	☐
K07.64	달리 분류되지 않은 턱관절의 경직	☐	☐
K07.65	턱관절의 퇴행성 관절염	☐	☐
K07.66	저작근의 장애	☐	☐
K07.68	기타 명시된 턱관절 장애	☐	☐
K07.69	상세불명의 턱관절 장애	☐	☐
S03.0	턱의 탈구	☐	☐
S03.4	턱관절의 염좌 및 긴장	☐	☐
G24.4	특발성 구강안면근 긴장	☐	☐
G50.0	삼차 신경통	☐	☐
G50.1	비정형 안면통	☐	☐

▶ **치료계획**

☑ 환자 교육
☐ 약물요법
☐ 표층열치료(IR)
☐ 심층열치료(US)
☐ 한냉치료(ICE)
☑ 경피적 전기신경자극(TENS)
☑ 저주파자극요법(EAST)
☐ 분사신장
☑ 저출력 레이저치료
☑ 이갈이 장치
☐ 교합안정장치(SS)
☐ 전방재위치교합장치(ARS)
☐ 기타 장치
☐ 이온삼투요법
☐ 고착해소
☐ 관절강 세척

2. 하악운동궤적검사 (Mandibular Kinesiography)

하악운동궤적검사		전자기록장치(ex. BioPak System, K-6 등)를 이용하여 하악의 한계운동 범위, 양상, 기능운동의 양상, 운동속도 등을 측정하고 분석하는 검사 최대 개폐구, 최대 전방운동, 최대 측방운동, 습관성 개폐운동을 주로 검사 위의 검사를 조합하여 전자 장비로 분석하고 기록
상대가치점수 266.57	진료비 25,590원	

1) 적응증

- 측두하악장애, 악안면기형, 부정교합 등
- 검사장비는 장비 신고가 필요하다.

3. 관절음도검사 (TMJ Sonography)

관절음도검사		음파분석기를 통해 관절음을 기록, 그래프로 나타낸 것을 분석하여 기록하는 검사
상대가치점수 131.31	진료비 12,610원	

측두하악장애 증상 중 하나인 관절음을 음파분석기를 통해 증폭시켜 청진 이외의 방법으로 관절음의 유형을 진단하는 검사이다.

1) 적응증

- 턱관절 장애진단에 사용한다.
- 검사장비는 장비신고가 필요하다.

4. 동기능적 교합검사 (Dynamic functional occlusion analysis)

동기능적 교합검사		생리적, 동적인 치아접촉상태를 전자장비를 이용하여 분석하는 검사
상대가치점수	진료비	
198.03	19,010원	

생리적이고 동적인 치아접촉상태를 전자장비(T-scan 등)를 이용해 분석함으로써 치아의 접촉순서, 접촉강도, 접촉시간, 좌우대칭관계, 시간에 따른 치아의 접촉 위치 변화 및 접촉 강도 변화 등을 동시에 분석하여 치아접촉 이상을 간편하고 정확하게 진단하고 기록을 보존하여 치료 전후의 교합 변화를 객관적으로 비교할 수 있는 검사 방법이다.

1) 적응증

- 측두하악장애, 부정교합, 치아의 접촉이상 등에 적용한다.
- 검사장비는 장비신고가 필요하다.

5. 측두하악관절 자극요법 (TMJ Stimulation Therapy)

측두하악관절 자극요법(1일당)	상대가치점수	진료비
가. 악관절단순자극요법	41.45	3,980 원
나. 악관절전기자극요법	66.47	6,380 원
다. 악관절복합자극요법	80.90	7,770 원

해당 항목의 치료를 실시할 수 있는 일정한 면적의 해당 치료실과 실제 사용할 수 있는 장비를 보유하고 있는 요양기관에서 '안면 동통 분야 교육을 이수한 의사'가 측두하악장애분석검사에서 측두하악장애로 진단된 환자에게 직접 실시하고 그 결과를 진료기록부에 기록한 경우에 산정한다.

1) 산정기준

가. 악관절단순자극요법	표층열치료, 심층열치료, 한냉치료 등을 포함한다.
나. 악관절전기자극요법	경피적 전기신경자극치료, 저주파자극요법, Myomonitor, SSP(Silver spike point) : 중주파 자극요법 등을 포함하되 Myomonitor 시 사용한 재료대는 소정점수에 포함되어 별도 산정하지 아니한다.
다. 악관절복합자극요법	측두하악장애운동요법, 재활 저출력 레이저치료, 자기 제어 치료, 이온삼투요법, 근막동통 유발점 주사자극치료(TPI) 등을 포함한다.

- 통상 주 1~2회 시행하며 여러 부위에 같은 물리치료를 시행하여도 1일 1회만 산정 가능하다.
- 근통, 보호성 근긴장, 근막동통 및 근염 등의 악안면계의 근육성 질환과 측두하악관절에 발생하는 통증관리 및 염증 해소를 위해 사용한다.

6. 분사신장치료 (Spray And Stretch Therapy)

분사신장치료(1일당)		
상대가치점수 166.99	진료비 16,030원	근육신장에 따른 통증을 차단하여 근육신장을 원활하게 해 주는 시술.

1) 산정기준

- 턱관절장애환자 중 발통점에 의한 통증과 이로 인한 기능장애가 있을 경우 기화성 냉각제를 분사 후 스트레칭 운동을 시술한 경우에 산정 가능하다.
- 사용된 냉각제의 비용은 소정점수에 포함되어 별도 산정 불가하다.
- [안면동통 분야 교육을 이수한 치과의사]가 아니더라도 산정 가능한 항목이다.

7. 악관절고착해소술(Manipulation Therapy)

악관절고착해소술(1일당)		
상대가치점수 190.82	진료비 18,320원	개구제한 환자에서 치과의사가 하악을 하방으로 신연시켜 전방으로 변위된 관절원판을 정복시켜 주는 술식

1) 적응증

- 만성 과두걸림으로 인한 개구제한(폐구성)이 있는 경우 행하는 술식이다.
- [안면동통 분야 교육을 이수한 치과의사]가 아니더라도 산정 가능한 항목이다.

8. 악관절탈구 비관혈적 정복술(Closed Reduction Of TMJ Dislocation)

악관절탈구 비관혈적 정복술		
상대가치점수 158.04	진료비 15,170원	악관절 탈구를 비관혈적으로 정복하는 술식

하악과두가 관절융기 전방에 위치하여 폐구위로 되돌아올 수 없는 상태 (악관절 탈구)로 임상적으로 폐구가 불가능하거나, 평소에 잦은 악관절탈구를 경험했거나, 처음으로 발생한 경우라도 하품을 하거나 입을 크게 벌린 후 입을 다시 다물기가 어려운 상태에 시술하는 방법이다.

1) 산정기준

- 측두하악장애 분석검사가 필요하지 않다.
- 치과의사가 직접 시행하는 경우 산정 가능하다.
- 통증을 완화시키기 위해 진통소염제 처방이 가능하다.
- [안면동통 분야 교육을 이수한 치과의사]가 아니더라도 산정 가능한 항목이다.

[참고] 턱관절 장애 관련 적용 가능 상병명 예시

◆ K07.60 턱관절내장증

- 상세분류 : 정복성 관절판변위, 비정복성 관절원판변위

◆ K07.61 턱관절 잡음

◆ K07.62 재발성 탈구 및 아탈구

◆ K07.63 달리 분류되지 않은 턱관절의 통증

- 상세분류 : 관절낭염, 원판후조직염, 측두하악인대염증

◆ K07.64 달리 분류되지 않은 턱관절의 경직

◆ K07.65 턱관절의 퇴행성 관절염

◆ K07.66 저작근의 장애

- 상세분류 : 측두근, 교근(심부, 천부), 악이복근(전복, 후복), 흉쇄유돌근(우,좌)/승모근(우,좌)

◆ K07.68 기타 명시된 턱관절장애

◆ K07.69 상세불명의 턱관절장애

Chapter

4

진료기록부 Reading 및 명세서 작성 연습

1. 기본치료
2. 보존치료
3. 근관치료
4. 구강외과치료
5. 치주질환치료
6. 보철치료
7. 치과 임플란트

Chapter 4

진료기록부 Reading 및 명세서 작성 연습

1. 기본치료

① 초진 시 간단처치

수진자	슬기생	주민번호	800914–1522310
가입자	슬기생	보험구분	보험
사업장기호	1111111111	증번호	11048141243

5/3			C.C 아래 입술에 하얗게 뭔가 났어요. 2~3일 전부터 생긴 것 같아요. 아파서 음식 먹기 힘들어요.
	1	1	
			Dx. K12.0 (Recurrent aphthous stomatitis)
	1	1	
			Tx. 알보칠 도포
	1	1	

② 구강검진 후 당일 진료

수진자	이우주	주민번호	140914–4522310
가입자	이익준	보험구분	보험
사업장기호	1111111111	증번호	11048141243

5/2			C.C 검진 및 충치 확인 원함
			영유아구강검진
			Dx. Dental Caries (K02.1)
	D	D	
			Tx. Caries removal, Amalgam Filling (BO), ULTRACAP 사용
	D		
5/9 (18:30)			Tx. Caries removal, Amalgam Filling (DO), ULTRACAP 사용
		D	

③ 구강검진 후 익일진료

수진자	박현민	주민번호	140914–4522310
가입자	박현준	보험구분	보험
사업장기호	1111111111	증번호	11048141243

3/8	 	 	C.C 구강검진 차 내원
	 	 	영유아구강검진
	A 	A 	Dx. Dental Caries (K02.0)
3/13	A 	A 	Tx. Self type Glass–Ionomer Fillng (L), Polishing FUJI Ⅸ GP EXTRA 사용

④ 초진 시 파노라마 촬영

수진자	김준완	주민번호	800413–1167417
가입자	김준완	보험구분	보험
사업장기호	000000000000	증번호	61048141243

3/20	 8	 	C.C 오른쪽 아래 어금니 부위가 아파요. 자주 부어요.
	 	 	Oral Exam Panorama taking (Digital)
	 	 	Dx. Impacted teeth of mandibular molar, third (K01.173)
	 8	 	Tx. Saline Dressing

2. 보존치료

[보존_1]

수진자	안정원	주민번호	801219–1235215
가입자	안정원	보험구분	보험
사업장기호	000000000000	증번호	71048141243
3/25			C.C 오른쪽 위 어금니가 아파요. 통증 O
	6		치근단 촬영 (Digital) 1매
			Dx. K04.01(Irreversible Pulpitis)
	6		Tx. Cavity preparation for pulp remove & Temporary filling
			Infilt. Anesth. Lido 1 ct. (휴온스 1:100,000)

[보존_2]

수진자	양석형	주민번호	800914–1522310
가입자	양석형	보험구분	보험
사업장기호	000000000000	증번호	11048141243
4/15			C.C 왼쪽 아래 어금니에 충치가 보여요.
		6	Dx. K02.1
			Tx. 우식 제거 & IRM temporary filling
4/19 (19:00)		6	Tx. 광중합형 Resin Filling (BO)

[보존_3]

수진자			채송화	주민번호	801219-2235215
가입자			채송화	보험구분	보험
사업장기호			000000000000	증번호	31048141243
3/22			C.C 치아가 시려요. 양치할 때 특히~		
	54		Dx. Cervical abrasion (K03.10)		
			Tx. Gluma application		
3/29	54		Tx. Se-bond applicatio		

[보존_4]

수진자			안치홍	주민번호	821219-1235215
가입자			안치홍	보험구분	보험
사업장기호			000000000000	증번호	21048141243
3/14		6	C.C 질기거나 딱딱한 음식 먹을 때 시큰해요.		
		6	Dx. K02.8 (Other Dental Caries)		
		6	Tx. Removal of Old Amalgam		
			IRM filling dycal base, Infilt. Anesth. Lido 1 ct. (휴온스 1:100,000)		

[보존_5]

수진자	추민하	주민번호	100731–4522310
가입자	추석형	보험구분	보험
사업장기호	000000000000	증번호	11048141243

4/8			C.C 구강검진 (2년 전에 우리 치과에서 실런트했어요.) Oral Exam #46 – caries #26,36,37 – 2년 경과한 sealant 일부 탈락 → 재도포 필요
		6	Tx. sealant 제거 & sealant re–sealing
4/15		6 7	Tx. Sealant, Rubber Dam
4/22	6		Tx. Light curing type Resin Filling (BO) & Polishing

3. 근관치료

[근관_1]

수진자	이가현	주민번호	140914–4522310
가입자	이순철	보험구분	보험
사업장기호	1111111111	증번호	11048141243

4/11			C.C 왼쪽 위 어금니 음식물 끼고 가끔 아파해요.
		D	Dx. K04.01
			Tx. 치근단촬영 (Digital) 1매,
			발수 3근관, 근관와동형성 3근관, 근관세척 3근관
			침윤마취 1 ct (휴온스 1:100,000), Rubber dam
			NaOCl, Caviton
4/15		D	Tx. 근관세척 3근관, 러버댐 NaOCl, Caviton
4/18		D	Tx. 근관충전 (Calcipex), 러버댐 Glass–Ionomer Filling (DO)– FUJI Ⅸ GP EXTRA (1–1 pack)
			Next) SSC Crown 예정

[근관_2]

수진자			윤현준	주민번호	821219-1235215
가입자			윤현준	보험구분	보험
사업장기호			000000000000	증번호	21048141243
4/4	5		Dx. K04.01 치근단 1매 (Digital) 침윤 1 ct, Access Opening, Rubber-dam		
4/8	5		Dx. K04.01 후상치조신경전달마취, 1 ct (휴온스 1:100,000)		
			러버댐, 발수, 근관와동형성, 근관확대, 근관성형 근관세척, 근관장측정 (15mm),		
			Barbed-Broach, Niti-file, NaOCl, Paper-point, Caviton 치근단 1매 1(Digital)		
4/11	5		러버댐, 근관확대, 근관성형, 근관세척, 근관장측정 (15mm) NaOCl, Paper-point, Caviton		
4/15	5		러버댐, 근관장측정 (15mm), 근관세척, 가압근관충전, 치근단 1매 (Digital)		
			Sealapex, Gutta-percha point, Caviton		
4/17	5		아말감충전 (MOD) * Ultracap 사용		
4/30	2 ①	1	PFM. Br 탈락하여 내원 (#11 pontic) PFM. Br 재부착 (T85.6)		

[근관_3]

수진자	백지현	주민번호	821219-1235215
가입자	백지현	보험구분	보험
사업장기호	000000000000	증번호	21048141243

5/3	1		Dx. K04.01
			치근단 2매 (Digital) – 진단용, 근관장측정용 침윤 1 ct (휴온스 1:100,000)
			발수, 근관와동형성,
			근관확대, 근관성형, 근관장측정(16mm)
			Niti-file, Barbed-broach NaOCl, Paper point, Caviton
5/7	1		근관확대, 근관성형, 근관장측정(16mm), 가압근관충전
			치근단 1매 (Digital) Niti-file, Paper point, Sealapex, GP cone, Caviton
5/13		4	Gold Inlay 제거, 치근단 3매 (Digital) 후상치조신경전달마취, 1 ct (휴온스 1:100,000)
			발수, 근관와동형성, 근관장측정(P:15mm, B:14mm)
			근관확대, 근관성형, 근관세척, 가압근관충전 H-file, Niti-file, Barbed-broach, NaOCl Paper point, Sealapex, GP cone, Caviton
		5	Old amalgam 제거 & 치수복조
5/16		4	Ketac Molar 충전 (BO) * 3M Ketac Molar applicap
		5	Glass-Ionomer 충전 (BO) * Fuji II

[근관_4]

수진자			신준서	주민번호	901219-1235215
가입자			신준서	보험구분	보험
사업장기호			000000000000	증번호	21048141243
6/3			C.C 오래 전 타 병원에서 신경치료 후 보철한 치아가 아파요..		
		4	Dx. K04.5		
		4	Tx. 치근단 2매 (Digital) – 진단용, 근관장측정용 후상치조신경전달마취, 1 ct (휴온스 1:100,000)		
			Por. Cr 제거, Old G.P cone 제거, 근관와동형성 근관장측정(P:16mm, B:15mm)		
			근관확대(Niti–File), 근관성형, 근관세척 NaOCl, paper point, caviton		
7/11		4	근관확대 H–File (#40), 근관성형, 근관장측정(P:16mm, B:15mm), 근관세척		
			치근단 1매, 침윤마취 1 ct (휴온스 1:100,000) NaOCl, paper point, caviton		
7/15		4	근관장측정(P:16mm, B:15mm) 가압근관충전		
			치근단 2매 (Digital) Paper point, Sealapex, GP cone, caviton		
7/18		4	Glass–Ionomer 충전 2면 (DO) * RIVA SC Capsule 충전물연마		

4. 구강외과치료

[외과_1]

<table>
<tr><td>수진자</td><td colspan="2">김은섭</td><td>주민번호</td><td>690303–1212014</td></tr>
<tr><td>가입자</td><td colspan="2">김은섭</td><td>보험구분</td><td>보험</td></tr>
<tr><td>사업장기호</td><td colspan="2">1111111111</td><td>증번호</td><td>12345678901</td></tr>
<tr><td rowspan="6">4/25</td><td></td><td>7</td><td colspan="2" rowspan="6">Dx. K00.44

Tx. 치근단1매 (Digital), 전달마취 1 ct. (휴온스 1:100,000)

Surgical Extraction (골유착, 치근절제),
burr 사용, 봉합, 거즈물림</td></tr>
<tr><td></td><td></td></tr>
<tr><td></td><td></td></tr>
<tr><td></td><td></td></tr>
<tr><td></td><td></td></tr>
<tr><td></td><td></td></tr>
</table>

[외과_2]

<table>
<tr><td>수진자</td><td colspan="2">장리나</td><td>주민번호</td><td>821231–2514789</td></tr>
<tr><td>가입자</td><td colspan="2">장리나</td><td>보험구분</td><td>보험</td></tr>
<tr><td>사업장기호</td><td colspan="2">2222222222</td><td>증번호</td><td>98765432109</td></tr>
<tr><td rowspan="10">4/22</td><td></td><td></td><td colspan="2" rowspan="2">C.C 여기저기 잇몸이 부었어요.</td></tr>
<tr><td></td><td></td></tr>
<tr><td>4</td><td>5</td><td colspan="2" rowspan="2">Dx. 급성치관주위염 (K05.22)</td></tr>
<tr><td></td><td>6</td></tr>
<tr><td>4</td><td></td><td colspan="2" rowspan="2">Tx. 침윤 1ct. 치근단촬영 (Digital), 구강내소염수술(가)</td></tr>
<tr><td></td><td></td></tr>
<tr><td></td><td>5</td><td colspan="2" rowspan="2">Tx. 침윤 1ct. 치근단촬영 (Digital), 구강내소염수술(가</td></tr>
<tr><td></td><td></td></tr>
<tr><td></td><td></td><td colspan="2" rowspan="2">Tx. 전달마취 1ct. 치근단촬영 (Digital), 구강내소염수술(가)</td></tr>
<tr><td></td><td>6</td></tr>
</table>

[외과_3]

수진자	김승찬	주민번호	970717-1423516
가입자	김승찬	보험구분	보험
사업장기호	0000000000	증번호	12121094504

10/17			C.C 오른쪽 윗니 어금니 안쪽이 부었어요.
	6		Dx. 동이 없는 근단농양(K04.7)
			Tx. 치근단촬영 1매 (Digital)
			후상치조신경전달마취 1ct, 발수 3근관, 근관와동형성 3근관, Barbed-broach
			구강내소염수술(구개농양)

[외과_4]

수진자	이은유	주민번호	150203-4234619
가입자	김수정	보험구분	보험
사업장기호	3333333333	증번호	45612378901

7/31			C.C 유치발치한 지 꽤 되었는데 앞니가 안 내려와요.
	1	1	Dx. K00.68
			Tx. Panorama taking (Digital)
			Operculectomy _ #12 Blade 사용
			Under Infilt. Anesth. Lido(휴온스 1:10만) 1 ct.

[외과_5]

수진자	나매복	주민번호	840428–1000718
가입자	나매복	보험구분	보험
사업장기호	0000000000	증번호	11048141243

5/8			C.C 타 치과에서 사랑니 발치할 수 있는 치과로 가래요. P.I 아팠다 안 아팠다 반복해요.
		8	Oral Exam. 치근단 촬영 1매 & 파노라마 촬영 1매 (Digital)
			Dx. K01.173 치관 2/3 치조골 매복 Tx. Dressing, 처방전 발행
5/21		8	Tx. Extraction of impacted teeth and suture, 치은점막절개(#12 Blade) surgical burr (골삭제 및 치근분리술 병행) Under Block. Anesth. Lido(휴온스 1:10만) 3ct. Suture DAFILON (비브라운 4/0 8cm)

[외과_6]

수진자	나소염	주민번호	640428–1000718
가입자	나소염	보험구분	보험
사업장기호	0000000000	증번호	11048141243

5/9			C.C 3일 전부터 붓고 아팠습니다.
	765		Oral Exam. 치근단 1매 (Digital) Dx. K04.7 Tx. Incision & Drainage (치조부농양) Under Block anesth. Lido 2 ct, 봉합(아이리 블랙실크 3/0 1개, 9cm), 처방전
5/10	765		Tx. Saline dressing
5/16	765		Tx. Saline dressing & Stitch–Out

5. 치주치료

[치주_1]

수진자			김재형	주민번호	700214–1522310
가입자			김재형	보험구분	보험
사업장기호			0000000000	증번호	11048141243
3/7			C.C 왼쪽 어금니 쪽이 우리하게 아파요.		
	7 – 7 –	– 7 – 7	Panorama taking (Digital) : 전체적인 골흡수 진단		
			Dx. K05.30		
	76 321 321	123 1234567	Tx. Scaling (Next: 치주치료 필요)		
5/9		 4567 	Dx. K05.30 Tx. Gingival Curettage, Block 1 ct, 처방전		

[치주_2]

수진자			김경희	주민번호	771008–2325215
가입자			이철수	보험구분	보험
사업장기호			0000000000	증번호	84159312607
5/13	7 – 7 –	– 7 – 7	C.C 양치질 할 때 피가 나요. P.I 하악 좌측 어금니 염증으로 인하여 많이 부음.		
			Oral Exam. Panorama taking (Digital) : 전반적 치주치료 필요한 상태임.		
	7 – 1 7 – 1	1 – 7 1–3	Dx. K05.30 Tx. Scaling (Next: cu 예정)		
		 4–7	Dx. K05.30 Tx. Gingival Curettage, Block 1 ct, 처방전		

[치주_3]

수진자	이주연	주민번호	701212–2251478
가입자	이주연	보험구분	보험
사업장기호	0000000000	증번호	75124000123

4/5			C.C 잇몸이 안 좋은 것 같아요.
	7 –	– 7	Panorama taking (Digital)
	7 –	– 7	
			Dx. K05.30
	7 –	– 7	Tx. Scaling next) 14~17 R/P 예정
	7 –	– 7	
4/11	7654		Tx. Root Planning, Infilt. Anesth. Lido 1 ct
5/2	7654		Tx. Flap Operation (골성형+골삭제), Probing (#17:10,7mm, #16:8,7mm)
			Block Anesth. 1 ct, Infilt Anesth. 1 ct
			Burr 사용, Suture (아이리 4–0, 1개 20cm), 처방전
5/9	7654		Tx. Dressing & Stitch–Out Temporary teeth splinting & Occlusal Adjustment,
			교합지 사용

6. 보철(급여 틀니) 치료

수진자	인유겸	주민번호	520821-2231214
가입자	인유겸	보험구분	보험
사업장기호	0000000000	증번호	42220001456

5/20			(본원에서 지난 5월 15일 하악 국소의치 장착 및 조정받은 환자임.)
			C.C 틀니가 아프고 불편해요.
	5 4		의치 내면 조정
9/9		6 7	C.C 왼쪽 아래 어금니 부위 잇몸이 아프고 불편해요.
			[틀니 유지 관리 조회 및 등록 시행]
			Dx. Z46.3
			Tx. 하악 구치부 의치상 조정 (압력지시재 PIP로 확인)

7. 치과 임플란트

수진자	김경민	주민번호	530821-1234719
가입자	김경민	보험구분	보험
사업장기호	0000000000	증번호	20001456125

3/8		6	C.C 왼쪽 위 어금니 임플란트 가능한지 상담받고 싶어요.
		6	Panorama Taking (Digital)
		6	수술용 스텐트 제작을 위하여 인상채득 시행
			임플란트 대상자 등록 신청서 작성 완료
3/15		6	임플란트 1차 수술 시행
			전달마취 (리도카인 2), Suture(아이리, SK4, 15cm)
			임플란트 고정체 식립(신흥 Luna, 직경 4.5mm, 길이 5.5mm)
			수술 후 Panorama taking (Digital), 처방전
3/25		6	Stitch–Out
9/27		6	임플란트 2차 수술 시행
			침윤 (리도카인1), Healing Abutment 체결 치근단촬영 (Digital)
10/4		6	Stitch–Out Custom Abutment 제작을 위한 인상채득 시행
10/11		6	Custom Abutment 연결 PFM Crown 제작 위해 인상채득
10/17		6	PFM Crown Setting 치근단 X–ray taking (Digital) 1매

Chapter

5

치과건강보험 청구 사무관리

1. 요양급여비용의 심사청구
2. 요양급여비용의 심사 및 지급
3. 심사결과통보
4. 재심사조정청구 및 이의신청
5. 보완청구, 추가청구, 누락청구
6. 치료재료 구입 신고
7. 요양기관의 신고업무

Chapter

5 치과건강보험 청구 사무관리

1. 요양급여비용의 심사 청구

- 정의 : 요양기관이 환자에게 진료한 내역을 날짜별 명세서로 정리하여 진료심사 및 평가의 역할을 하는 건강보험심사평가원에 청구서를 제출하는 것
- 요양기관은 정보통신망, 전산매체, 서면 중 한가지의 방법을 선택하여 요양급여비용을 청구한다.
- 요양기관이 정보통신망으로 요양급여비용을 청구하고자 하는 경우에는 전산청구(포털, EDI, 전산매체)신청서를 건강보험심사평가원에 제출한다. EDI의 경우에는 보건복지부장관이 지정한 전산망관리자의 전산망 이용서비스에 가입한 후 전산청구신청서를 심사평가원에 제출한다.
- 청구명세서 접수 : 요양기관은 요양급여비용을 청구하고자 하는 때 요양급여비용 심사청구서에 요양급여비용 명세서와 기타 필요한 서류를 첨부하여 심사평가원에 제출한다.
  - · 서면, 디스켓, CD청구 – 우편, 직접접수 · 전자문서(프로그램) – 전자매체청구
- 청구서 구분 :
  - · 의과, 치과, 한방
  - · 요양급여, 의료급여, 자동차
  - · 외래, 입원
- 요양기관은 치료재료의 실구입가격을 확인할 수 있는 목록표를 심사평가원에 제출한다.
  - · 상급종합병원, 치과대학부속치과병원 – 심사평가원
  - · 치과병원, 치과의원, 보건소, 약국 – 심사평가원 지원

요양기관 종별	심사평가접수처
– 상급종합병원 – 대학부속치과병원	심사평가원 본원
– 종합병원 – 병원 · 치과병원 · 한방병원 – 의원 · 치과의원 · 한의원 – 보건소 · 약국	심사평가원 지원

1) 심사평가원 청구프로그램 설치

– EDI 청구 시 프로그램이 설치되어 있어야 한다.

– 요양기관업무포털(http://biz.hira.or.kr) → 메인화면 하단)청구 프로그램 설치한다.

2) EDI 전산신청 확인 및 신청

– 현재 병원에서 사용하고 있는 청구프로그램이 신청되어 있어야 한다.

– 요양기관업무포털 → 진료비청구 → 청구 및 통보관련 신청 → 전산청구신청 → 전산청구신청서를 조회한다.

– 진료비 청구방법– 포털 / 소프트웨어명– 예)두번에 (청구프로그램명 등록)

– 등록이 되어있지 않다면 전산청구 신청(요양급여비용)한다.

– 프로그램을 변경하였다면 변경신청을 따로 하여야 한다.

– EDI와 진료비 청구포털을 병행 청구할 수 없으니 주의하여야 한다.

3) 최초 신청서 제출

– EDI신청서 → KT, EDI청구인정서 → 건강보험심사평가원

– 등록결과통보 : 1차 전화통보(2~3일 소요), 2차 우편통보(1주일 소요)

– 이용자 ID/PW 부여

– 가입완료 : 신규 인정기관 등록 통보(건강보험심사평가원)

4) 청구절차(EDI 기준)

- 원청구 : EDI를 이용한 심사청구서를 전송한다. (미리 사전점검서비스 실시)
  - ◆ 월단위 : 해당 월 첫날 ~ 마지막 날
  - ◆ 주단위 : 월요일 ~ 일요일

○ 주단위 구분예시

< 2017년 8월 >

월	화	수	목	금	토	일	구분
		1	2	3	4	5	**1주**
6	7	8	9	10	11	12	**2주**
13	14	15	16	17	18	19	**3주**
20	21	22	23	24	25	26	**4주**
27	28	29	30	31			**5주**
					9/1	9/2	**1주** *(9월 1주)*

※ 주(週)의 개념 : 월요일부터 일요일까지를 의미함

〈출처〉 건강보험심사평가원

- 접수증 확인 : 심사평가원은 청구서가 접수된 경우 지체없이 접수증을 발급한다.
  - ◆ 전송 1~2일이내 접수증 도착(접수증이 도착하지 않았다면, 확인 후 정정 및 재청구한다.)
  - ◆ 요양기관업무포털 이용 바로 확인 가능 : 요양기관업무포털 → 진료비청구 → 심사 진행과정 조회 → 조회

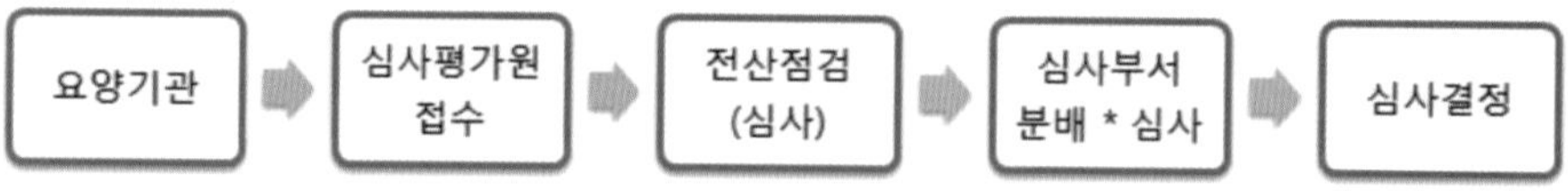

- 진료비(요양급여비용) 지급 : 접수 후 약 15일 이후 지정된 등록계좌로 지급한다.
- 심사결과통보서 배부 : 심사조정 건을 확인 후 필요하다면 재심사조정청구를 신청한다.
- 재심 & 보완청구, 추가청구, 누락청구 실시

5) 청구매체별 비교

구분	전자문서(EDI)	디스켓	명세서
청구 서류	청구명세서 – EDI 송신	진료비청구서, 디스켓 – 우편, 직접 제출	진료비청구서, 요양급여 명세서, 의료급여명세서
접수 확인	약1~2일	약 4~5일 후	약 4~5일 후
진료비 지급	약 15일~20일 이내	약 30~35일 이내	약 40~50일 이내

6) 청구방법

사전점검(A, F, K 조정내역) : 금액산정착오(A), 증빙자료 미제출(F), 코드착오(K) 등 청구오류 건에 대하여 원청구 전 사전점검을 실시하여 수정보완을 실시한다.

구분	청구프로그램별 보험청구방법
두번에	청구업무 → 보험청구 → 청구구분: 일반청구 → 청구조회(청구기간: 주/월 단위) 확인 → 청구 → 의사별 진료일수 확인 → 참조내역(청구: 심평원 청구) 확인 → 송신확인 → 공인인증서 비밀번호입력 → 청구
앤드컴	보험청구 → EDI청구 (진료기간, 전송구분: 실제청구, 청구구분: 전체청구) 다음 → 송신 → 공인인증서 비밀번호입력 → 변환 및 송신 → 청구문서 송신 완료
덴트웹	청구/EDI → 검색(주/월단위) → 청구 → 심사평가원(실제청구)/전달할 메시지 → 심평원전송/의사별 진료일수 확인

2. 요양급여비용의 심사 및 지급

- 심사의 목적 : 요양급여비용심사는 관계법령이 정한 기준에 맞게 행하여졌는지 여부를 공정하고 타당하게 심사함으로 부당한 진료비용 지급을 방지하고, 의료보장 취지에 합당한 진료가 이루어지도록 유도한다.
- 심사의 의미 : 요양기관에서 청구한 요양급여비용의 사실여부와 건강보험법령이 정한 요양급여비용의 산정 기준에 맞게 요양급여행위가 이루어졌는지 확인하여 요양기관에 지급할 금액을 확정하는 과정을 말한다.

1) 심사처리절차

전산점검	· 환자성별, 보험자격, 단가착오, 상병코드, 청구코드 등
전산심사	· 심사기준, 상병별, 의약품 허가사항
일반심사	· 각종 지표를 통한 관리
전문심사	· 심사인력에 의한 선별집중심사

- 심사사후관리 : 진료내역 명세서, 청구착오 등 재점검 실시한다.
(요양급여비용의 청구 관련 서류는 요양급여가 끝난 날부터 5년간 보존하여야 하고, 진료기록부는 10년, 방사선 사진 및 소견서는 5년을 보존한다. 5년 이내 범위에서 사후관리 항목별로 내용에 따라 소급 · 적용할 수 있다.)

2) 요양급여비용 지급

- 지급방법 : 건강보험공단에 사전 등록된 해당 요양기관 계좌를 통해 지급한다.
  (입금액 : 실지급결정액 중 소득세(주민세)원천징수금, 본인부담환급금, 정산진료 비과 지급금, 실사환수금, 금전대체금, 채권압류금등 보류 및 차감액을 공제한 금액 지급)
- 확인방법 : 요양기관정보마당(http://medicare.nhis.or.kr) → 요양급여/의료급여 → 지급내역 → 검색조건 기간설정 → 조회 → 지급통보서 확인

3) 요양급여비용 지급안내 SMS 설정

- 신청방법 : 요양기관정보마당(http://medicare.nhis.or.kr) → 회원서비스 → 기본정보 → 문자서비스(SMS)신청서 → SMS수신자성명, 대표자와의 관계, 핸드폰번호 입력 → 신청

3. 심사결과통보

심사결과통보서 : 요양급여비용 청구서에 대한 심사 후 청구심사결정액과 명세서별 진료비의 조정, 심사조정사항이 기재된 문서

심 사 결 과 통 보 서	
심사차수	심사결과통보 시 일정주기별 부여되는 번호
접수번호	심사평가원에서 요양급여비용청구명세서 접수 시 부여되는 번호
청 구	요양기관에서 청구한 청구건수와 금액
조 정	심사결과 조정된 건수와 금액
지급불능	심사결과 지급불능처리된 건수와 금액
심사결정	최종 심사결정된 총 건수와 총 진료비
통보서 도착일	통보서가 도착한 일자

1) 통보서 확인방법

요양기관업무포털(http://biz.hira.or.kr) → 진료비청구 → 진행과정 → 심사진행과정 (결과통보서)조회 → 구분: 진료 연월 조회 → 공단(건강보험)/보호(의료급여)로 분류

2) 통보서 확인사항

- 청구 월의 심사조정액과 건수를 확인하다.
- 지급불능, 심사조정, 본인부담환급금 등 확인 가능하다.
- 명일련번호를 선택하여 세부사항을 볼 수 있다.(조정코드, 조정항목, 조정내역, 조정사유 등)
- 그 외 처방내역조정, 원외처방조정, 코드별 조정총괄 내역들도 확인할 수 있다.
- 심사조정내역 확인 후 그에 따른 재심사조정청구, 보완청구, 누락청구, 추가청구 등을 실시한다.
- 심사조정의 내용이 이해가 안될 경우 담당자에게 전화로 문의한다.
  (담당자연락처 : 통보서 상단에 담당지부와 담당자 성함, 전화번호 기재)
- 심사조정에 이의가 있을 경우 이의신청을 한다.

심사조정 세부항목	
명세서 일련번호	요양급여비용명세서상의 일련번호
수진자명	수진자 성명
진료개시일	진료일
청구액	요양기관에서 청구한 금액
조정소계 I	기본진료료, 약제, 치료재료
조정소계 II	진료행위료
조정코드	재료, 행위, 약제코드
코드명칭	재료명, 행위명, 약제명
조정사유	조정 또는 불능 사유코드
조정금액	해당항목에서 조정되는 심사조정금액

4. 재심사조정청구 및 이의신청

심사조정에 이의가 있을 경우 / 조정사항의 확인이 필요한 경우 /
청구착오로 인한 정정이 필요한 경우 / 소명자료 미제출로 인해 심사 조정된 경우

1) 재심사조정 청구

– 심사조정을 원할 경우 심사결과통보서 도착 90일 이내 재심사조정청구서를 심사평가원에 제출한다. (심사평가원은 재심사조정청구서 접수 30일 이내 결정 결과를 통보한다. 부득이한 경우 30일 연장 가능)

2) 이의신청

– 재심사조정청구 결정 결과에 이의가 있을 시 이의신청 가능하다.
– 이의신청을 원할 경우 심사결과통보서 도착 90일 이내 이의신청청구서를 심사평가원에 제출한다. (심사평가원은 이의신청청구서 접수 60일 이내 결정 결과를 통보한다. 부득이한 경우 30일 연장 가능)

3) 심사청구

– 이의신청 결정 결과에 이의가 있을 시 심사청구(행정심판)을 제기할 수 있다.

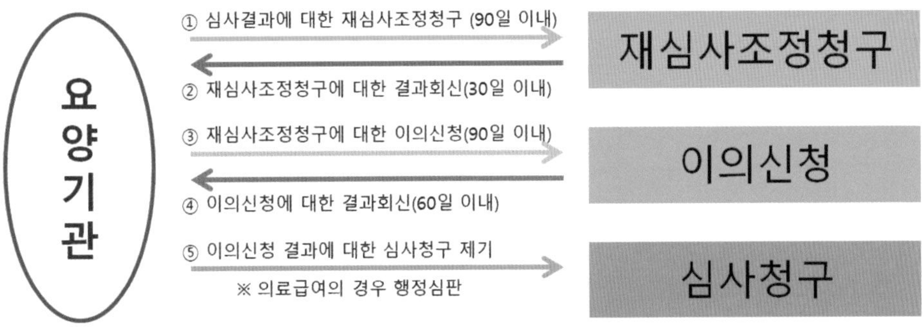

심사단계흐름 [출처–박실장의 정보마당]

4) 심사청구방법

요양기관업무포털 → 정산관리 → 재심/이의신청/환수/정산 → 재심사조정청구/환수/정산 → 접수번호 조회 → 청구문서 선택 → 재심사조정청구대상자 선택 → 조정내역 확인 → 왼쪽)조정내역 하단 환자 선택 → 오른쪽)신청내역 하단으로 추가 → 대상자 선택 : 신청 사유 입력, 첨부파일 입력 → 하단)제출내역 미리보기 후 확인 → 최종제출

- ◆ 신청서 기재사항 : 진료비청구서 처리번호(접수번호, 묶음번호, 심사차수, 통보서 도달일자), 해당 수신자성명, 명세서 일련번호, 사유, 금액을 기재한다.
- ◆ 증빙자료 : 진료기록부(사본), 방사선필름(원본), 구입증빙자료(사본)등을 첨부한다.
- ◆ 보험자별로 구분 : 보험자가 동일하여도 접수번호, 묶음번호, 심사차수 등이 다르면 진료비신청서를 각각 작성한다.

5. 보완청구, 추가청구, 누락청구

지급 불능	명세서 일부	명세서 전체
↓	↓	↓
보 완	추 가	누 락

1) 보완청구(3년)

지급불능처리 되어 진료비가 지급되지 않은 경우 지급불능 사유내역을 보완하여 재청구한다.

예1) 신경치료기간 중 개명한 환자, 개명 전 이름으로 청구하여 지급불능 처리된 경우

예2) 해외로 출국한 원장님 성함으로 잘못 청구되어 지급불능처리 된 경우

예3) 보험틀니 미등록 후 1단계 청구하여 지급불능처리 된 경우

2) 추가청구

요양기관이 진료비를 지급받은 명세서 중 진료내역 일부가 누락된 경우 진료내역 일부를 추가로 청구한다.

예1) 2024년 01월 25일 근관확대, 근관성형, 나이타이파일 시행 후 나이타이파일이 누락된 경우

예2) 2024년 05월 29일 발치와 치석제거(나) 시행 후 발치가 누락된 경우

예3) 2024년 11월 17일 즉일충전처치와 충전물연마를 시행 후 충전물연마가 누락된 경우

3) 누락청구

요양기관이 진료 받은 수신자의 진료내역 전체를 청구하지 않은 경우 진료내역 전체를 추가로 청구한다.

예1) 2024년 06월 06일 치석제거(나) 실시 후 해당 진료일이 누락된 경우

분 류	내 용
A	금액 산정착오 조정(행위, 약제, 치료재료)
B	요양급여기준 적용착오 비용 조정
C	요양급여기준 범위 초과비용 조정, 처방내역 미확인 조제
D	계산착오금액 조정
E	비급여 또는 요양급여비용의 100분의 100 본인부담 항목 조정
F	구입 증빙자료 미제출분 조정
G	중복 청구 비용 조정
K	산정코드 및 코드 구분 착오 또는 누락 조정
L	증빙자료상 확인되지 아니한 요양급여비용 조정
M	증빙자료상 확인되지 아니한 요양급여비용 조정(본인부담액 적정징수)
Q	재심사 후 전액 환수
R	의료장비 미신고 행위료 조정
S	요양급여기준 범위 초과 처방의약품 조정

■ 행정소송

이의신청 및 심판청구 결정에 불복 시 이의신청 및 심판절차 없이 곧바로 가능(법원판결)

■ 환수요청

심사결정 통보를 받고 난 후 해당 진료내역의 전체를 취소 (환수) 시키는 것,
환수 과정이 완료된 후에 누락청구해야 함

■ 반송

청구서 서식 이상, 중복청구 등의 사유로 심평원이 접수하지 않고 청구 취소하는 것
수정 후 재청구는 일반 청구로 진행(심사 중 단계까지만 반송 가능)

6. 치료재료 구입신고

치과사용 재료 중 치과치료재료급여 목록 및 상한금액표에 등재된 품목만 청구 가능하다. 거래가격의 투명성, 적정성 확보를 위한 사후관리 기초자료 등을 활용한다.

- 신고기한 : 매 구입 시마다 신고가 원칙이고, 요양급여비용 청구 15일 전에 신고해야한다. (청구코드, 품명, 규격, 제조사, 판매사, 가격, 적용일자 등)
- 요양기관이 구입한 실구입가로 산정한다. 단, 실구입가가 상한금액보다 높은 경우 상한금액으로 지급한다. (치료재료의 품목별 상한금액 범위 내에서 요양기관의 실구입가 보상)
- 정해진 사용기준량으로 산정해야 한다.
- 동일 품목을 재구입 없이 장기간 사용할 경우 유효기간은 2년이고, 만료일 1개월 전부터 연장신고 해야 한다.
  - ◆ 요양기관업무포털 → 진료비 청구 → 치료재료 구입목록표 → 치료재료 구입 목록표 → 구분: 만료예정 → 선택 → 확인 → 접수

1) 재료신고방법

◆ 요양기관업무포털 → 공인인증서 로그인 → 업무신청 및 자료제출 → 치료재료 구입목록표 → 구입내역 등록/저장 → 접수

프로그램명	청구프로그램별 재료신고방법
두번에	청구업무 → EDI → EDI문서작성 → 재료대구입신고
앤드컴	보험청구 → 치료재료구입신고서
덴트웹	청구/EDI → 심평원/EDI 문서작성,수신 → 치료재료 및 약재 → 구입내역통보서
I-pro	보험 → 재료 → 재료신고 → 송신

- 구입한 약재 및 재료의 명세서는 보관한다.
- 약재품 실거래 신고 : 의약품실거래가 구입내역관리에 입력한다.
- 수가적용 : 재료신고 후 수가적용한다.

2) 치료재료구입목록표

- 코드 : 각 재료에 부여된 코드 8자리(영문대문자 1자리와 숫자 7자리)
- 품명 : 재료 명칭 기재(공식명칭, Full name 기재)
- 규격 : 각 재료별 규격 기재, 중량, 부피로 표시되는 재료는 공식 단위 기재
- 구입일자 : 실제 재료를 구입한 연,월,일 기재
- 구입량 : 중량이나 부피 표시재료 – 기본단위의 총 개수, Set 품목 – Set 내 총수량
- 구입가 : 구입 총량에 대한 구입가(수량 × 개당단가)
- 개당단가 : 규격, 단위당 개별단가(구입가 ÷ 구입량)
- 구입처 : 구입처 상호명과 사업장등록번호

3) 치과재료대 구입신고 대상목록

구입신고 대상목록	구입신고 제외목록
– 치과용 방사선 필름 (표준, 소아용, 교익, 교합, 파노라마, TMJ) – 영구충전재 ① 복합레진 Clearfil F2 ② 글래스아이오노머 (Fuji–II, Fuji–IX, Ketac–Fil, Ketac–Molar 등) ③ 금속강화형시멘트 (ketac silver, Miracle–mix, Riva–silver 등) ④ 캡슐형아말감 (Ultracap, GS–80, Non Gamma 2) – 매식재 (Bio–oss, OCS–B 등) – 조직유도재생막, 재생파우더 및 겔 (Bio–gide, Emdogain 등) – 봉합사 (Nylon, Silk–needle, non needle) – 치과임플란트 고정체&지대주 (보험코드 부여된 재료)	– 비보험 진료재료 ① 광중합형레진 ② 광중합형 글래스아이노머(Fuji–II LC) ③ 교정재료 등 – 치과치료재료 비급여 목록 및 상한금액표에 등재된 품목 (기타근관충전재 MTA, 치과임플란트 고정체&지대주 등) – 행위료에 포함된 항목재료 ① 근관치료재료 (근관충전용실러, 근관내첨약제 등) ② 임시충전재(IRM, Caviton 등) ③ 치수복조재(Dycal, Calcimol 등) ④ 지각과민처치제 (Gluma, Super–seal, MS–coat, 상아질접착제 등) ⑤ 구강내창상보호재(Coe–pack 등) ⑥ 보철물접착재 등 – 행위료에 포함되지않은 항목재료 (Reamer, file, Barbed–Broach) – 정액보상재료 (치과 수술용 Burr, 근관확대용 Ni–Ti file) – 의약품 (주사제, 지혈제, 산소, 아산화질소)

7. 요양기관의 신고업무

1) 의료기관 개설신고 허가

- 보건의료자원 통합신고포털(www.hurb.or.kr) 접속 로그인
- 개설신고 · 변경 〉 의료기관 개설신고(허가신청) 〉 대표자 본인인증 〉 의료기관 개설
- 기본사항 입력 〉 해당 진료과목 체크 〉 해당시설 정보입력 후 임시저장
- 인력 상세신고 및 인력정보 입력완료 후 임시저장
- 구비서류 확인 · 첨부 및 최종 제출

2) 요양기관 변경사항 신고

- 요양기관개설자는 명칭, 소재지, 의료인력, 의료장비, 휴업 및 재개업등의 변경사항이 있을 시 요양기관변경사항신고서에 변경사항별 해당서류를 첨부하여 보건의료자원통합신고포털로 파일을 첨부하여 제출한다.
- 신고기간 : 변경사항 15일 이내

3) 의료장비 신고

모든 의료장비는 식약처장의 제조 수입허가를 받거나 신고한 것에 한하여 허가 또는 신고 범위 내에서 사용

광중합기, 불소이온도입기, 치수진단기, 근관장측정기, 교합분석기(T-scan), 하악운동궤적검사기, 관절음도검사기, 정광량형광기, 치과용방사선 촬영장치, CBCT, 레이저기기 등

■ **장비신고방법**

- 보건의료자원 통합신고포털(www.hurb.or.kr) 접속 로그인
- 현황신고 · 변경 〉 일반장비 현황신고 〉 신고등록
- 장비번호 · 해당 모델명으로 조회(예: 광중합기 E20100) 〉 해당기기 선택 〉 적용

- 임시저장 〉 최종제출
- 첨부서류 : 세금계산서, 수입허가증(장비에 따라 필요)

4) 휴업 또는 폐업신고

보건의료자원통합신고포털 또는 서면으로 15일 이내에 신고하여야 한다.

- 1개월 이상 휴업 또는 폐업 : 시장 · 군수 · 구청장에게 신고 〉 심사평가원에 통보
- 폐업신고 : 폐업 일자는 최종진료일 다음 날로 기재
- 휴업신고 : 1개월 미만인 경우 건강보험심사평가원에만 신고
  - ◆ 보건의료자원 통합신고포털(www.hurb.or.kr) – 휴 · 폐업 – 폐업신고 – 내용작성 – 구비서류 확인 · 첨부 및 최종 제출
  - ◆ 관련서류 : 세탁물처리대장, 진료기록부 보관계획서, 환자전원조치 및 휴업 안내 게시 사진

[참고] 진료내용확인 통보서 / 부당청구요양기관 신고

진료받은 내용 안내

h-well 국민건강보험공단에서는 병(의)원 약국에서 진료받은 내용을 우편 또는 인터넷 스마트폰으로 안내합니다.

▶ 안내문이 실제 진료받은 내용과 다른 경우 병(의)원에 문의하기 전, 우선 국민건강보험공단에 확인하거나 자세한 내용을 뒷면에 기재 후 회신하여 주시기 바랍니다.
[이 안내문은 진료비를 납부해야 하는 내용이 아니며 진료받은 내용을 확인하는 것입니다.]

▶ 아래 내용은 고객님께서 건강보험으로 진료받은 내용 중 일부입니다.
세부사항〉진료개시일 / 입원 / 외래 병(의원) / 약국명칭[소재지] / 진료일수 / 본인부담금(비급여 진료비 포함되지 않음) / 공단부담금

☞ 환자는 해당 내용에 대한 사실 여부를 기재하여 우편 발송한다.

☞ 공단은 접수된 내용을 토대로 이상 여부가 있을 경우 병원에 자료제출을 요청한다.

☞ 사실 확인 후 다른 점이 발견되었다면 부당청구 요양기관으로 보아 환수조치한다.

부록

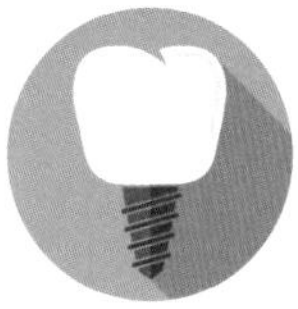

1. 동일부위 동시 처치 산정기준
2. 진료내용에 따른 상병코드 및 상병명 분류 예시
3. 치과보험청구사 3급 기출문제(1회)
4. 치과보험청구사 3급 기출문제(2회)

부록 1. 동일부위 동시 처치 산정기준

1) 각 각 100% 청구 가능한 경우 (100 : 100)

치아파절편제거+발수	각 각 100%
발수+구강내소염수술	각 각 100%
근관세척+구강내소염수술(절개 시)	각 각 100%
구강내소염수술+치석제거	각 각 100%
구강내소염수술+응급근관처치	각 각 100%
치석제거+교합조정	각 각 100%
치주소파+교합조정	각 각 100%
치석제거+잠간고정술	각 각 100%
기존 수복물 제거+근관내기존충전물제거	각 각 100%
근관충전+치근단절제술	각 각 100%
당일발수근충+치근단절제술	각 각 100%
치수절단+충전	각 각 100%
근관충전+충전	각 각 100%
치면열구전색+치은판절제술	각 각 100%
충전치료(맹출장애)+치은판절제술	각 각 100%
치아재식술(또는 탈구치아정복술)+근관치료	각 각 100%
치아재식술(또는 탈구치아정복술)+고정술	각 각 100%

2) 100% : 50%로 청구해야 하는 경우 (100 : 50)

단순발치+치조골성형수술	치조골성형술 100% + 단순발치 50%
난발치+치조골성형수술	난발치 100% + 치조골성형술 50%
치근낭적출술+치근단절제술	높은 수가 100% + 낮은 수가 50%
잠간고정술+교합조정	잠간고정술 100% + 교합조정 50%
치은박리소파술+발치	치은박리소파술 100% + 발치 50%
치은박리소파술+치과 임플란트 제거술	높은 수가 100% + 낮은 수가 50%
광중합형 복합레진+치면열구전색	광중합 100% + 치면열구전색 50%

3) 100% : 0%로 청구해야 하는 경우 (100 : 0)

발치+구강내소염수술	발치만 인정
완전매복치발치 + 치조골성형수술	완전매복치발치만 인정
치과임플란트제거술(복잡)+치조골성형수술	치과임플란트제거술(복잡)만 인정
보철물제거(복잡) + 수복물제거(간단)	보철물제거(복잡)만 인정
보철물제거+금속포스트제거+근관내기존충전물제거	보철물제거100%+포스트제거100%+근관내기존50%
즉일충전처치+보통처치	즉일충전처치만 인정
즉일충전처치+교합조정	즉일충전처치만 인정
충전처치 또는 치수치료+교합조정	주된 처치만 인정(교합조정 X)
발수+근관세척	발수만 인정
근관충전+근관세척	근관충전만 인정
치주소파+치석제거	치주소파만 인정 (단, 초진이라면 치주소파 -> 치근활택술로)
수술후처치+치주치료후처치	둘 중 하나(높은 수가)만 인정
광중합형 복합레진+러버댐 장착	광중합형 복합레진만 인정
치면열구전색+러버댐 장착	치면열구전색만 인정

부록 2. 진료내용에 따른 상병코드 및 상병명 분류 예시

※ 치과의사의 정확한 진단하에 반드시 진료행위에 알맞은 원인 상병명을 적용해야 함.

(단, 아래의 내용은 자주 쓰이는 상병코드 및 상병명을 예시로 보여주기 위함임)

1) 구강검진 및 방사선 촬영의 경우

<table>
<tr><td rowspan="2">치아 우식 확인</td><td>K02.0</td><td colspan="2">법랑질에 제한된 우식 [우식없어도 적용 가능]</td></tr>
<tr><td>K02.3</td><td colspan="2">정지된 치아우식증</td></tr>
<tr><td rowspan="8">치아 형태 및 위치 이상 (X-ray 촬영 가능)</td><td>K00.00</td><td colspan="2">부분무치증 [부분적 영구치결손]</td></tr>
<tr><td>K00.01</td><td colspan="2">완전무치증</td></tr>
<tr><td>K00.22</td><td colspan="2">치아의 유착 [난발치]</td></tr>
<tr><td>K00.23</td><td colspan="2">유합 및 쌍생</td></tr>
<tr><td>K00.24</td><td colspan="2">치외치 [신경치료, 구강검진]</td></tr>
<tr><td>K00.25</td><td colspan="2">치내치 [우식치료, 구강검진]</td></tr>
<tr><td>K00.68</td><td colspan="2">기타 명시된 맹출 장애</td></tr>
<tr><td>K07.3~</td><td colspan="2">치아 위치의 이상</td></tr>
<tr><td rowspan="3">구내염 처치</td><td>K12.0</td><td colspan="2">재발성 구강 아프타 [동일부위 계속적 재발]</td></tr>
<tr><td>K12.1</td><td colspan="2">구내염의 기타 형태</td></tr>
<tr><td>B00.2</td><td colspan="2">헤르페스바이러스 치은구내염</td></tr>
<tr><td rowspan="5">Dressing 및 처방</td><td>K05.22</td><td colspan="2">급성 치관주위염 [통증 호소 지치주위염]</td></tr>
<tr><td>K05.08</td><td colspan="2">기타 명시된 급성치은염 [치은염 통증 호소]</td></tr>
<tr><td>K05.28</td><td colspan="2">기타 명시된 급성치주염 [치주염 통증 호소]</td></tr>
<tr><td>K01.163</td><td>상악 제3대구치의 매복</td><td rowspan="2">매복치 통증 호소</td></tr>
<tr><td>K01.173</td><td>하악 제3대구치의 매복</td></tr>
<tr><td rowspan="8">턱관절 장애 (처방, 파노라마 촬영 가능)</td><td>K07.60</td><td colspan="2">턱관절 내장증 [가벼운 증상일 때]</td></tr>
<tr><td>K07.61</td><td colspan="2">턱관절 잡음 [턱에서 소리]</td></tr>
<tr><td>K07.62</td><td colspan="2">턱관절의 재발성 탈구 및 아탈구</td></tr>
<tr><td>K07.63</td><td colspan="2">달리 분류되지 않은 턱관절의 통증 [통증 호소]</td></tr>
<tr><td>K07.64</td><td colspan="2">달리 분류되지 않은 턱관절의 경직 [안 벌어질 때]</td></tr>
<tr><td>K07.66</td><td colspan="2">저작근의 장애</td></tr>
<tr><td>K07.68</td><td colspan="2">기타 명시된 턱관절장애</td></tr>
<tr><td>K07.69</td><td colspan="2">상세불명의 턱관절장애</td></tr>
<tr><td rowspan="3">기타</td><td>K03.6</td><td colspan="2">침착물</td></tr>
<tr><td>K00.7</td><td colspan="2">생치증후군 [치아맹출 시 통증]</td></tr>
<tr><td>J01.00~</td><td colspan="2">급 · 만성 상악동염 [파노라마 촬영 가능]</td></tr>
</table>

2) 보존 및 보철치료의 경우

<table>
<tr><td rowspan="3">보통처치</td><td colspan="3">발수 전 치수강 개방 [근관치료 상병명 그대로 적용]</td></tr>
<tr><td colspan="3">치수절단 후 FC Change [치수절단 시 상병명 그대로 적용]</td></tr>
<tr><td colspan="3">임시충전재 탈락하여 재충전 [충전 및 근관치료 상병명 그대로 적용]</td></tr>
<tr><td>치아진정처치</td><td>K02.0</td><td colspan="2">에나멜에 제한된 우식</td></tr>
<tr><td>치수복조</td><td>K02.1</td><td colspan="2">상아질의 우식</td></tr>
<tr><td rowspan="3">충치치료
(우식원인에 맞게 사용)</td><td>K02.1</td><td colspan="2">상아질의 우식 [즉일충전]</td></tr>
<tr><td>K02.2</td><td colspan="2">시멘트질의 우식 [근관치료, 발치]</td></tr>
<tr><td>K02.8</td><td colspan="2">기타 치아우식 [2차 충치]</td></tr>
<tr><td rowspan="2">치경부 GI 충전</td><td>K03.10</td><td colspan="2">치아의 치약 마모 (쐐기결손 NOS/굴곡파절)</td></tr>
<tr><td>K03.18</td><td colspan="2">기타 명시된 치아의 마모</td></tr>
<tr><td>치면열구전색</td><td>Z29.8</td><td colspan="2">기타 명시된 예방적 조치</td></tr>
<tr><td rowspan="4">지각과민처치
(우식, 치주질환 상병
No!)</td><td>K03.10</td><td colspan="2">치아의 치약 마모 (쐐기결손 NOS/굴곡파절)</td></tr>
<tr><td>K03.18</td><td colspan="2">기타 명시된 치아의 마모</td></tr>
<tr><td>K03.80</td><td colspan="2">과민성 상아질 [민감증상 호소의 경우]</td></tr>
<tr><td>K06.00</td><td colspan="2">국소적 치은퇴축</td></tr>
<tr><td rowspan="7">교합조정
(1일 최대 4치)</td><td>K06.20</td><td colspan="2">외상성 교합에 의한 잇몸 및 무치성 치조융기의 병변</td></tr>
<tr><td>K07.4</td><td colspan="2">상세불명의 부정교합 [원인 불분명할 경우]</td></tr>
<tr><td>K05.30</td><td>만성 단순 치주염</td><td rowspan="2">동요 등 치주염 증상 완화를 위해 시행한 경우</td></tr>
<tr><td>K05.31</td><td>만성 복합 치주염</td></tr>
<tr><td>K05.38</td><td colspan="2">기타 명시된 만성 치주염</td></tr>
<tr><td>K07.20~K07.29</td><td colspan="2">치열궁 관계 이상 관련</td></tr>
<tr><td>K07.30~K07.39</td><td colspan="2">치아 위치의 이상 관련</td></tr>
<tr><td>보철물 재부착</td><td>T85.6</td><td colspan="2">치과 보철물의 파절 및 상실</td></tr>
<tr><td>보철물 제거</td><td colspan="3">보철물을 제거하게 된 원인 상병명 적용</td></tr>
<tr><td>완전틀니 및 부분틀니</td><td>K08.1</td><td colspan="2">사고, 추출 또는 국한성 치주병에
의한 치아 상실</td></tr>
<tr><td>틀니 유지관리</td><td>Z46.3</td><td colspan="2">치과 보철 장치의 부착 및 조정</td></tr>
<tr><td>임플란트제거술(단순)</td><td>K05.30
K05.31</td><td colspan="2">만성 단순 치주염
만성 복합 치주염</td></tr>
<tr><td rowspan="2">임플란트제거술(복잡)</td><td>T85.6</td><td colspan="2">치과보철물의 파절 및 상실</td></tr>
<tr><td>Z96.5</td><td colspan="2">치근 및 하악골 삽입물의 존재</td></tr>
<tr><td>악골내고정용금속제거술</td><td>T85.6</td><td colspan="2">치과보철물의 파절 및 상실 [스크류 파절 시]</td></tr>
</table>

3) 구강외과 치료의 경우

치은판절제술	K00.68	기타 명시된 맹출장애
	K06.18	기타 명시된 치은비대
유치발치	K00.63	잔존(지속성)유치(젖니) [일반적 유치발치]
	K00.68	치아맹출의 기타 명시된 장애 [선천치, 조기맹출, 조기탈락]
	K04.7	동이 없는 근단농양 [근단농양으로 조기 발치하는 경우]
발치	K00.2	치아의 크기와 형태 이상 관련
	K02.2	시멘트질의 우식 [심한 우식으로 인한 발치]
	K02.8	기타 치아우식
	K05.30	만성 단순 치주염
	K05.31	만성 복합 치주염
	K05.22	급성 치관주위염 [사랑니 통증]
	K04.5~7	근단 농양 관련 [농양 원인 발치]
	K05.20~21	치주 농양 관련
	S02.5~	치아 파절 관련 [외상]
	S03.2~	치아 탈구 관련
	K07.38	기타 명시된 치아의 위치 이상
	K08.3	잔존 치근
과잉치	K00.10~19	과잉치 부위에 맞게 사용
난발치	K00.44	만곡치 [치아 뿌리가 만곡된 경우]
	K03.5	치아의 강직증 [골유착된 경우]
매복치	K01.10~19	매복치 부위에 맞게 사용
발치와 재소파술	K10.3	턱의 치조염
치근단절제술	K04.5~7	근단 농양 관련 상병
	K04.80	근단 및 외측의 치근낭 [낭 존재 시]
탈구치아정복술	S03.20	치아의 아탈구
	S03.21	치아의 함입 또는 정출
골융기절제술	K10.0	턱의 발육 장애

치조골성형술	K08.81	불규칙한 치조돌기
구강내소염술	K04.7	동이 없는 근단 농양 : 고름 통로 없음
	K05.20	동이 없는 잇몸 기원의 치주농양 [치주질환이 원인]
	K05.22	급성 치관 주위염
치아재식술	근단 농양 관련 상병, 탈구 관련 상병(S03.22 완전탈구)	
설소대성형술	Q38.1	설유착증, 혀유착증
협순소대성형술	Q38.00	비정상 구순소대
	Q38.08	달리 분류되지 않은 입술의 기타 선천적 기형
치아 탈구, 파절	S03.20 / S03.21 / S03.22 / S02.54	

4) 치주치료의 경우

부분치석제거	K05.00	급성 연쇄구균 치은 구내염
	K05.08	기타 명시된 급성 치은염
	K05.10	단순 변연부 만성 치은염
	K05.11	증식성 만성 치은염
	K05.12	궤양성 만성 치은염
	K05.13	박리성 만성 치은염
	K05.22	급성 치관 주위염 [부종, 출혈, 통증]
전악치석제거	K05.30	만성 단순 치주염 [수평적 골흡수]
	K05.31	만성 복합 치주염 [수직적 골흡수]
	K05.32	만성 치관 주위염
	K05.38	기타 명시된 만성 치주염
치근활택술	K05.22	급성 치관 주위염
	K05.28	기타 명시된 급성 치주염
	K05.30	만성 단순 치주염
	K05.31	만성 복합 치주염
	K05.32	만성 치관 주위염
	K05.38	기타 명시된 만성 치주염

치주소파술 (급성 상병 X!)	K05.30	만성 단순 치주염	
	K05.31	만성 복합 치주염	
	K05.32	만성 치관 주위염	
	K05.38	기타 명시된 만성 치주염	
치은박리소파술	K05.30	만성 단순 치주염	
	K05.31	만성 복합 치주염	
	K05.38	기타 명시된 만성 치주염	
치주 – 치은절제술 (1/3악당)	K06.18	기타 명시된 치은비대 [치은증식 및 비대로 치은절제 시]	
	K05.30	만성 단순 치주염	치주질환 치료를 위한 경우 (치석제거 등의 전처치 필요)
	K05.31	만성 복합 치주염	
치관확장술 (가)(나)(다)	K02.2	시멘트질의 우식 [치관확장술(가)–치은절제]	
	신경치료 완료 후 치관확장술 시행 시 근관치료 상병명 그대로 적용		
연1회 치석제거 (K05. 하단 치은염 치주염 상병은 모두 가능) 연1회 치석제거	K05.10	단순 변연부 만성 치은염	
	K05.11	증식성 만성 치은염	
	K05.12	궤양성 만성 치은염	
	K05.13	박리성 만성 치은염	
	K05.18	기타 명시된 만성 치은염	
	K05.30	만성 단순 치주염 : 수평적 골흡수	
	K05.31	만성 복합 치주염 : 수직적 골흡수	
	K05.32	만성 치관 주위염	

5) 근관치료의 경우

치수절단 (근단 상병 No!)	K04.00	가역적 치수염 [자극에만 통증]
	K04.01	비가역적 치수염 [지속적 통증]
	K02.2	시멘트질의 우식
	K02.8	기타 치아우식
응급근관처치 (심한 통증 호소:급성)	K04.4	치수기원의 급성 근단성 치주염
	K04.7	동이 없는 근단농양
우식으로 근관치료	K02.2	시멘트질의 우식
	K02.8	기타 치아우식
치수염	K04.00	가역적 치수염 [자극시만 통증]
	K04.01	비가역적 치수염 [지속적 통증]
	K04.1	치수의 괴사 [생활력 상실, 변색, 마취없이 가능]
	K04.2	치수의 변성 [신경관 막힘]
	K04.3	치수 내의 이상 경조직 형성
근단 병소 (Re-Endo, 항생제 처방 가능)	K04.6~	동이 있는 근단 농양 관련 [고름이 빠져나갈 수 있는 상태]
	K04.7	동이 없는 근단 농양 [고름이 빠져나가지 못하는 상태]
	K04.4	치수기원의 급성 근단성 치주염 [통증 호소+치주염 증상]
	K04.5	만성 근단성 치주염
	K04.80	근단 및 외측의 치아뿌리낭 [뿌리염증]
치아탈구, 파절	S03.20	치아의 아탈구 [빠지지 않은 상태]
	S03.21	치아의 함입 또는 정출 [위치변화]
	S03.22	완전탈구 [치아가 완전히 빠진 상태]
	S02.54	치수 침범이 있는 치관파절

부록 3. 치과보험청구사 3급 시험 기출문제 (1회) 50문항

1. 다음 중 기본 진찰료로 산정하는 경우가 아닌 것은?

① 사랑니 발치 전 간단한 연조직 처치
② 구강 내 열린 상처를 봉합하지 않고 소독만 시행한 경우
③ 구내염으로 인해 알보칠 등의 약물 도포
④ 타 치과 발치 후 통증으로 인한 드레싱
⑤ 진찰 후 처방전만 발행한 경우

2. 다음 중 비급여 설명으로 옳지 않은 것은?

① 본인 희망에 의한 건강검진
② 치아보철을 위한 치석제거
③ 각종 진단서 발급을 목적으로 하는 치료
④ 만65세 이상 노인 치과 임플란트
⑤ 근관충전 시 사용한 MTA

3. 다음 중 총 진료비의 구성으로 옳지 않은 것은?

① 충전, 발수, 발치 등은 행위수가이다.
② 아말감, GI, Silk, Bur 등은 재료수가이다.
③ 기본 진찰료는 초진료 재진료로 구성되어 있다.
④ 자이레스테신주, 리도카인, 린코신주 등은 약제수가이다.
⑤ 요양기관 종별가산은 진료행위와 진찰료에 가산된다.

4. 다음 중 진찰료만 산정하는 경우로 옳지 않은 것은?

① 진찰 또는 상담만 하는 경우
② 발치전 해당부위의 간단한 드레싱
③ 구내염에 알보칠 도포
④ 치은염, 지치주위염 등의 간단한 구강 연조직처치
⑤ 발치 후 봉합사 제거

5. 다음 중 진찰료 산정 구분이 다른 것은?

① 3월16일 #17 아말감 충전 후 4월3일에 #26 아말감 충전하였다.
② A치과에서 발수 후 B치과에 내원하여 근관세척을 하였다.
③ 3월 25일 #36 치아에 ZOE 충전을 하고, 4월 10일 #36 치아에 아말감 충전처치 하였다.
④ 4월 11일 #48 발치 후 4월 12일 #48 Dressing을 하였다.
⑤ 비가역적 치수염으로 #25 신경치료 중 동통으로 인해 60일 만에 재내원하였다.

6. 다음은 치과의원 건강보험 대상자의 본인부담금 산정에 관한 설명이다. 옳지 않은 것은?

① 만 5세 환자가 내원하여 발치를 실시할 경우 총 진료비의 21% 본인부담금이 발생한다.
② 만 8세 환자가 내원하여 치수절단을 실시한 경우 총 진료비의 30% 본인부담금이 발생한다.
③ 만 50세 환자가 내원하여 20,000원의 총 진료비가 발생한 경우 6,000원의 본인부담금이 발생한다.
④ 만 60세 환자가 내원하여 진찰 후 상담만 하고 간 경우 초진료의 30% 본인부담금이 발생한다.
⑤ 만 70세 환자가 내원하여 14,000원의 총 진료비가 발생한 경우 4,200원의 본인부담금이 발생한다.

7. 다음 중 치과에서 비급여가 가능한 치료의 내용으로 옳지 않은 것은?

① 본인의 희망에 의한 건강검진은 비급여 대상이다.
② 자가치아이식술은 대부분 사랑니를 대구치 부위에 이식하는 형태의 술식으로 비급여 대상이다.
③ 구취를 제거하기 위해 행하여지는 경우 수치 측정, 진단, 해석, 및 처치 모두 비급여 대상이다.
④ 치관노출술은 매복된 치아를 맹출 유도하기 위해 교정적인 시술을 동반하는 것으로 비급여 대상이다.
⑤ 치태조절교육 시 소아 환자가 독립적으로 교육을 받기 곤란하여 보호자 대상으로 교육한 경우 치태조절 교육비 외에 보호자 교육비용을 추가 산정할 수 있다.

8. 파노라마 촬영 산정 기준으로 옳지 않은 것은?

① 치주질환 정도를 관찰할 목적으로 촬영한 경우
② #46 치아우식 정도를 파악하기 위해 촬영한 경우
③ 매복치의 매복정도를 확인하기 위해 촬영한 경우
④ 구내 촬영이 불가능한 경우
⑤ 외상의 진단을 목적으로 촬영한 경우

9. 표준촬영에 대한 내용으로 옳지 않은 것은?

① 촬영기술 부족으로 재촬영을 시행할 경우 별도 산정할 수 없다.
② 필름 촬영을 시행한 경우 치과 필름 재료대를 별도 산정할 수 있다.
③ 동일부위 파노라마 촬영과 동시에 시행한 경우는 각각 100%, 50%로 산정한다.
④ 동일 부위의 정확한 진단을 위하여 2매 촬영한 경우에는 동시 2매 촬영을 산정할 수 있다.
⑤ 필름을 사용한 경우 동시 촬영의 행위료는 최대 5매까지만 인정하고, 6매부터는 필름재료대만 인정된다.

10. 다음 중 마취에 대한 설명으로 옳은 것은?

① 침윤마취는 영구치에만 산정가능하다.
② 침윤마취와 전달마취는 1/3악당 산정가능하다.
③ #54 치수감염이 발생하여 발수를 시행한 경우 후상치조신경전달마취만 인정된다.
④ 만 6세미만 소아의 경우 마취료는 30% 가산된다.
⑤ 상악 전치부의 매복 과잉치 발치 시 침윤마취만 산정한다.

11. 다음 중 마취료에 대한 설명으로 옳은 것은?

① 마취료는 마취행위료와 리도카인으로만 구성되어 있다.
② 동일 목적으로 2가지 이상 마취를 병행한 경우 주된 마취료만 인정한다.
③ 상악 유구치 치료 시 하치조신경전달마취 산정이 가능하다.
④ 하악 유구치 치료 시 후상치조신경전달마취 산정이 가능하다.
⑤ 표면 마취 시 별도 산정이 가능하다.

12. 다음 중 보통처치로 산정할 수 없는 경우는?

① 치근단 농양으로 급성증상을 호소해 치수강을 응급으로 개방한 경우
② 근관치료시 Caviton 이나 ZOE가 탈락해 임시충전 시행한 경우
③ 발수를 완료하기 전 치수의 일부를 제거한 경우
④ 치수절단 후 FC change를 시행한 경우
⑤ 이미 형성된 와동에 약제나 재료로 임시충전만 한 경우

13. 다음 중 치수복조로 산정할 수 있는 경우로 옳은 것은?

① 마취료는 별도 산정할 수 없다.
② 충전, 즉일충전처치 당일 실시한 치수복조는 주된 처치에 포함되므로 산정할 수 없다.
③ 진정처치와 동시 산정 시 주된 처치인 진정처치만 인정된다.
④ 비급여진료를 위한 전단계로 치수복조를 한 경우에는 산정할 수 있다.
⑤ 치수복조에 사용된 재료대는 일부 산정 가능하다.

14. 지각과민처치에 대한 설명으로 옳은 것은?

① 산정단위는 1/2악이다.
② 원인 및 증상, 사용된 재료를 진료기록부에 기재할 필요 없다.
③ 우식 상병에도 적용할 수 있다.
④ 지각과민처치에 사용된 재료는 반드시 심평원에 재료대 구입신고 후 사용해야 한다.
⑤ 지각과민처치(나)는 동일 치아에 대해 6개월 이내에는 재산정 불가하다.

15. 지각과민처치 복잡에 해당하는 것은?

가. 불소이온도포	나. 레이저 치료
다. Gluma 약물도포	라. 상아질 접착제 도포

① 가, 나, 다　② 가, 다　③ 나, 라　④ 라　⑤ 가, 나, 다, 라

16. 6 5 X X 2 Bridge 제거 시 적절한 청구방법은?

① 수복물제거 간단 횟수 3
② 수복물제거 간단 횟수 4
③ 수복물제거 복잡 횟수 3
④ 수복물제거 복잡 횟수 4
⑤ 수복물제거 복잡 횟수 5

17. 다음 보기 중 보철물재부착에 대한 설명으로 옳은 것은?

① 타 치과에서 제작한 임시치아가 탈락하여 임시접착제로 재부착한 경우 산정 가능하다.
② 영구 장착된 보철물이 탈락되어 재부착할 경우 산정 가능하다.
③ 사용한 재료대는 별도로 산정 가능하다.
④ Bridge를 재부착하는 경우 지대치와 Pontic 모두 산정 가능하다.
⑤ 타 치과에서 제작한 보철물의 경우 비급여로 산정 가능하다.

18. 즉일충전 처치에 대한 설명으로 옳지 않은 것은?

① 와동형성료를 별도 산정한다.
② 충전료 및 충전 재료대는 별도 산정할 수 있다.
③ 1개월 이내 재충전시 재료대는 100% 산정한다.
④ 1치당 산정한다.
⑤ 동일 치아에 시행한 교합조정술은 별도 인정하지 않는다.

19. 다음중 산정기준이 다른 것은?

① 치수절단　② 응급근관처치　③ 치수복조
④ 당일발수근관충전　⑤ 보통처치

20. 치수절단의 산정기준으로 옳지 않은 것은?

① 1치당 산정한다.
② 임시충전은 별도 산정하지 아니한다.
③ 영구치만 산정 가능하다.
④ K04.7 [동이 없는 근단주위농양]과 같은 근단 병변 상병명은 적용 불가하다.
⑤ 동일치아에 치수절단과 충전을 동시에 시행한 경우 각각 100% 인정된다.

21. 근관치료에서 치수 및 치근단 질환 또는 치아파절 등의 이유로 치수 생활력 보존이 어려워 치수강 및 근관내에 치수를 모두 제거하는 진료행위는?

① 치수절단 ② 발수 ③ 근관확대
④ 근관장길이측정 ⑤ 치수복조

22. 근관확대의 산정기준으로 옳지 않은 것은?

① 근관확대는 근관치료 중 2회까지 산정 가능하다.
② 유치는 일반적으로 근관확대를 인정하지 않으나 특별한 예외의 경우는 산정 가능하다.
③ Reamer 또는 K, H File은 1근관당 산정하며, Ni-Ti file은 1치당 산정한다.
④ 유치 근관확대가 인정되어도 Ni-Ti파일은 산정할 수 없다.
⑤ Reamer 또는 File(Ni-Ti file포함)을 사용한 경우는 치료기간 중 1종 1회만 산정한다.

23. 다음 항목 중 행위수가로 인정되어 행위 가산율이 적용되는 것은?

① Ni-Ti File ② 재진료 ③ 의약품관리료
④ 근관확대 ⑤ 아말감

24. 다음 중 근관치료 산정 기준으로 옳은 것은?

① 발수는 영구치만 산정 가능하다.
② Ni-Ti file은 근관당 인정된다.
③ 수동파일(K-file, H-file)과 Ni-Ti file은 동시에 인정된다.
④ File 재료대는 근관치료 과정 중 모두 산정 가능하다.
⑤ 근관장측정검사는 근관치료 전 치료 과정 중 3회에 한하여 산정 가능하다.

25. 다음 중 근관세척과 동시에 산정 가능한 진료는?

① 발수 ② 응급근관처치 ③ 단순근관충전
④ 가압근관충전 ⑤ 근관내 기존 충전물 제거

26. 당일발수근충 산정 기준으로 옳은 것은?

① 1치당 산정
② X-ray 한 장만 산정 가능
③ Ni-Ti file 사용 시 재료대 산정 불가
④ 근관장측정검사 시행 시 추가로 산정 가능
⑤ 당일에 발수부터 근관충전까지 완료한 경우 산정

27. 치과관련 수술에 사용하는 Bur, Saw 등 절삭기류 비용 산정이 불가능한 행위는?

① 치근단 절제술
② 임플란트 제거술(복잡)
③ 치조골 삭제와 성형을 동반한 치은박리소파술(복잡)
④ 발치 후 일정기간이 지나 시행한 치조골성형수술
⑤ 치근 파절로 치근 분리하여 시행한 난발치

28. 다음 중 치주치료후처치에 대한 설명으로 옳은 것은?

① 치석제거 후 산정할 수 없다.
② 동일 악에서 수술 후 처치와 동시 시행 시 높은 수가만 산정한다.
③ 치근활택술 시행 후 2개월이 지나 동일부위 치근활택술 재실시할 경우 치주치료 후처치(가)로 산정한다.
④ 치은박리소파술의 후처치는 치주치료 후 처치(나)로 산정한다.
⑤ 치주치료후처치와 수술후처치 동시 시행 시 동시 산정 가능 하다.

29. 다음 치료에 관한 설명 중 보험청구가 가장 적절한 것은?

> 치아가 우식으로 인해 치근부위까지 파절이 심하게 되어 신경치료를 한 후 보철치료를 해야 하는데 임상적 치관의 길이가 짧아 치관길이 확보를 위해 마취하에 부분적으로 보철치료에 좋지 못한 조직을 제거하고 판막을 형성과 동시에 bur를 이용하여 치조골도 삭제를 하였다.

① 치은절제술로 청구한다.
② 후처치는 치주치료후처치 (가)로 청구한다.
③ 상병명은 치은비대로 적용한다.
④ Bur의 재료비는 따로 청구한다.
⑤ 봉합사 사용 시 산정 가능하다.

30. 치석제거(나)[연1회]에 대한 설명으로 옳지 않은 것은?

① 1~2개 치아에 치석제거를 시행한 경우 치석제거의 50%만 산정한다.
② 후속처치 없이 치석제거 만으로 치료가 종료되는 경우 산정한다.
③ 횟수 초과 시에는 비급여 적용된다.
④ 진료시작 전 건강보험공단에 수진자 자격조회 후 잔여 횟수가 남아 있는지 확인 후 진행한다.
⑤ 만 19세 이상 환자에게 해당된다.

31. 치주치료에 대한 설명 중 적절하지 않은 것은?

① 당일 동일부위에 치석제거와 치근활택술 동시 시행한 경우 치석제거만 산정한다.
② 전기소작술을 이용한 치은절제술을 시행한 경우 급여 산정 가능하다.
③ 치근활택술 시 마취가 동반되지 않는 경우도 인정 가능하다.
④ 당일 동일부위에 치은박리소파술과 발치를 동시에 시행한 경우, 치은박리소파술 100%, 발치 50%로 산정한다.
⑤ 당일 동일부위에 치석제거와 교합조정이 동시에 이루어진 경우 각각 100% 산정한다.

32. 다음 항목 중 높은 수가 100%, 낮은 수가 50%로 산정 가능한 것은?

① 발치 + 구강내소염수술
② 단순발치 + 치조골성형수술
③ 보철물제거(간단) + 보철물제거(복잡)
④ 치석제거 + 교합조정
⑤ 치근단절제술 + 가압근관충전

33. 치주치료 중 반드시 전처치를 동반해야 하는 경우가 아닌 것은?

① #24~27 치주소파술
② #36, 37 치은박리소파술(간단)
③ #46 보철 수복으로 치관 길이 연장 위해 시행한 치은절제술
④ #14~17 치은 증식 부위 치은절제술
⑤ #44~47 치조골성형 및 삭제를 동반한 치은박리소파술

34. 다음 내용 중 옳지 않은 것은?

① 치석제거 후 동일 부위에 시행한 교합조정술은 각각 100% 산정 가능하다.
② 치아재식술 후 잠간고정을 시행한 경우 치아재식술 100%, 잠간고정술 100% 산정 가능하다.
③ 초진 환자가 #35-37 치석제거 후 당일 치주소파술 까지 시행한 경우 #35-37 치근활택술로 산정 가능하다.
④ #14-17 치은박리소파술 도중 #16 발치를 시행하게 된 경우 발치료는 50%만 산정 가능하다.

⑤ 치은 피막 절개 후 단순매복치 발치를 하게 된 경우 치은판절제술과 단순매복치 각각 100% 산정 가능하다.

35. 치주질환에 의해 치은의 이상증식이나 비정상적인 치은을 절제하여 치은의 자가 세정능력을 높이고 음식물 잔사의 부착을 방지하며, 염증 발생을 억제하기 위한 술식은 무엇일까?

① 치근활택술　② 치주소파술　③ 치은절제술
④ 치관확장술　⑤ 치은박리소파술

36. 진료내역을 보고 6월 16일 산정기준으로 옳은 것은?

날짜	부위		진 료 내 역
2022 3/29	7 –	7	Dx. 만성단순치주염(K05.30) Scaling(가)
	7 –	7	
4/5			Dx. 만성단순치주염(K05.30) Block anesthesia with lidocaine 1 ct, Curettage
	7 – 4		
6/16			Dx. 만성단순치주염(K05.30) Block anesthesia with lidocaine 1 ct, Curettage
	7 – 4		

① 초진 + 치주치료 후 처치(가) 산정
② 재진 + 치주치료 후 처치(가) 산정
③ 초진 + 치주소파술 50% 산정
④ 재진 + 치주소파술 50% 산정
⑤ 초진 + 치근활택술 100% 산정

37. 다음 내용 중 가장 적절한 것은?

① 복잡매복치 발치 당일 실시한 창상봉합술은 산정 가능하다.
② 발치와 치은판절제술을 동시 시행 시 각각 산정 가능하다.
③ 과잉치는 모두 매복발치로 산정 가능하다.
④ 하루에 2개의 매복치아를 발치했더라도 bur는 1회만 산정 가능하다.
⑤ 유치발치는 난발치로 산정할 수 없다.

38. Burr(가)를 청구할 수 있는 진료행위는?

① 단순발치
② 치조골성형수술
③ 치관확장술
④ 치은박리소파술(간단)
⑤ 치은박리소파술(복잡)

39. 치은박리소파술 후처치 산정은?

① 치주치료 후처치 (가)
② 치주치료 후처치 (나)
③ 수술후처치
④ 후출혈처치
⑤ 후처치 산정할 수 없다.

40. 다음 중 유치발치에 대한 설명으로 옳지 않은 것은?

① 유치는 침윤마취만 인정된다.
② 필요에 따라 방사선 촬영 시 청구 가능하다.
③ Topical 도포마취 시 침윤마취로 청구 불가능하다.
④ 유치에서 상악 구치부는 전달마취 적용이 불가능하다.
⑤ 후속영구치 손상의 위험이 있어 심부의 유치 잔근치를 제거할 목적으로 치근분리술을 시행한 경우 난발치로 산정 가능하다.

41. 다음 중 봉합사를 별도로 산정할 수 없는 것으로 엮인 것은?

가. 발치　나. 치조골성형수술　다. 치근단절제술　라. 치관확장술

① 가, 다
② 나, 라
③ 가, 나, 다
④ 라
⑤ 가, 나, 다, 라

42. 구강내소염수술에 관한 설명으로 가장 적절하지 않은 것은?

① 치조농양 또는 구개농양의 절개는 구강내소염수술(가)로 산정한다.
② #14-17, #44-47 동시에 시행 시 구강내소염수술 1.5로 산정한다.
③ 발치와 구강내소염수술 동시에 시행 시 발치만 산정한다.
④ 구강내소염수술 시행 후 Dressing은 수술후처치(가)로 산정한다.
⑤ 상병명은 [K05.20 동이 없는 잇몸 기원의 치주농양]으로도 산정할 수 있다.

43. 발치와재소파술에 대한 설명으로 옳은 것은?

① 타병원에서 발치하고 내원한 경우 재진으로 산정한다.
② 발치와재소파술 후 소독은 치주치료후처치(가)로 산정한다.
③ 발치와 동시에 시행 시 각각 산정한다.
④ 일반적으로 유치발치 후에는 산정 불가하다.
⑤ 일반적으로 마취를 하지 않아도 산정 가능하다.

44. 다음 중 치은판절제술로 산정할 수 없는 행위는?

① 유치의 치관확장술
② 임신성 종양의 제거
③ Gingival polyp의 제거
④ 치아맹출을 위한 개창술
⑤ 부분맹출 치아의 우식치료를 위한 치은절제술

45. 영구치 맹출을 유도하기 위한 목적으로 시행하는 진료행위는?

① 치은절제술
② 골융기절제술
③ 치관확장술
④ 치은판절제술
⑤ 치근활택술

46. 급여 금속상 완전틀니에 적용 가능한 상병명은?

① K08.1 사고, 추출 또는 국한성 치주병에 의한 치아 상실
② T85.6 치과보철물의 파절 및 상실
③ K06.00 국소적 치은 퇴축
④ K08.81 불규칙한 치조돌기
⑤ Z46.3 치과 보철 장치의 부착 및 조정

47. [치아의 강직증] 상병명으로 치아분리를 하고 발치하였다. 진료행위는?

① 난발치 ② 발치 ③ 단순매복
④ 복잡매복 ⑤ 과잉치

48. 수술 후처치 산정기준은?

① 1치당 ② 1/3악당 ③ 1악당
④ 1구강당 ⑤ 1/2악당

49. 다음 중 부분틀니 유지관리 행위 중 산정기준이 다른 것은?

① 인공치 수리 ② 교합조정 ③ 클라스프(clasp) 수리
④ 의치상 수리 ⑤ 첨상

50. 급여 임플란트에 대한 설명으로 적절하지 않은 것은?

① 임플란트의 유지관리는 보철장착 후 3개월 이내에는 횟수 상관없이 진찰료만 산정 가능하다.
② 급여 가능한 적용 갯수는 1인당 평생 2개이다.
③ 2단계는 2차 수술 후 봉합사 제거(S/O)까지 완료해야 청구할 수 있다.
④ 적용 가능한 상병코드는 K08.1[사고, 추출 또는 국한성 치주병에 의한 치아상실] 이다.
⑤ 의료기관 종별 가산율이 적용 가능하다.

1회 기출문제 정답

☞ 요양급여 산정기준의 변화로 시험 보는 시기에 따라 문제의 정답이 달라질 수 있음을 알려드립니다.

번호	1	2	3	4	5	6	7	8	9	10
답	④	④	⑤	⑤	②	⑤	⑤	②	③	④
번호	11	12	13	14	15	16	17	18	19	20
답	②	①	②	⑤	③	④	②	①	④	③
번호	21	22	23	24	25	26	27	28	29	30
답	②	④	④	⑤	⑤	⑤	③	②	⑤	①
번호	31	32	33	34	35	36	37	38	39	40
답	①	②	③	⑤	③	④	④	②	②	①
번호	41	42	43	44	45	46	47	48	49	50
답	①	①	④	②	④	①	①	④	①	⑤

부록 4. 치과보험청구사 3급 시험 기출문제 (2회) 50문항

1. 건강보험제도의 기관별 업무에 관한 설명이다. 이 업무를 수행하는 기관은?

자격관리, 보험급여 관리, 보험료와 징수금의 부과 · 징수

① 요양기관 ② 보장기관 ③ 보건복지부
④ 국민건강보험공단 ⑤ 건강보험심사평가원

2. 요양급여에 소요되는 시간 · 노력 등 업무량, 인력 · 시설 · 장비 등 자원의 양과 요양급여의 위험도를 고려하여 산정한 요양급여의 가치를 상대적으로 비교하여 점수로 표현한 것을 무엇이라 하는가?

① 가산율 ② 환산지수 ③ 차등수가
④ 건강보험수가 ⑤ 상대가치점수

3. 다음 중 건강보험 진료비 구성요소에 대한 설명으로 옳지 않은 것은?

① 기본진료비(진찰료)는 기본진찰료와 외래관리료로 구분된다.
② 재료수가는 행위료와 마찬가지로 가산율이 적용된다.
③ 진찰료의 야간 가산 시간은 평일은 오후 6시부터이다.
④ 진료행위료는 요양 기관 종별로 가산율이 다르다.
⑤ 약재료는 가산율이 적용되지 않는다.

4. 다음 가산율에 대한 설명 중 옳은 것은?

① 만 6세 미만 소아의 경우 초진료에 9.03을 가산 적용한다.
② 만 70세 이상 노인의 경우 진찰료의 30%를 가산 적용한다.
③ 만 8세 미만 소아의 경우 방사선 촬영 시 10%를 가산 적용한다.
④ 치과의원(국민건강보험가입자)의 경우 진료 행위료에 15%를 가산 적용한다.
⑤ 만 8세 미만의 소아의 경우 근관치료 시 행위료의 15%를 가산적용한다.

5. 다음 보기 중 본인부담금(률)이 같은 경우끼리 짝지어진 것은?

> 가. 만45세 국민건강보험환자가 치과병원에서 총진료비 17,000원이 나온 경우
> 나. 만 5세 국민건강보험환자가 치과의원에서 총진료비 35,000원이 나온 경우
> 다. 만67세 국민건강보험환자가 치과병원에서 총진료비 17,000원이 나온 경우
> 라. 만17세 의료급여1종 환자가 치과의원에서 총진료비 15,000원이 나온 경우
> 마. 만15세 의료급여2종 환자가 치과병원에서 총진료비 15,000원이 나온 경우

① 가, 다　② 나, 라　③ 라, 마
④ 나, 다　⑤ 다, 라

6. 의료급여 2종 환자가 치과병원에서 진료를 받은 경우의 본인부담금(률)은?

① 1,500원
② 2,000원
③ 총 진료비의 10%
④ 총 진료비의 15%
⑤ 총 진료비의 20%

7. 만 67세 건강보험가입자가 46번 치아 치주염으로 인해 치아 동요도가 심한 상태로 치과의원에 내원하였다. 치근단촬영 후 단순발치를 시행하여 총 진료비 21,000원이 나왔다면, 이 환자의 본인부담금은?

① 1,500원　② 2,100원　③ 4,200원　④ 6,300원　⑤ 8,400원

8. 다음 중 비급여 설명으로 옳지 않은 것은?

① 만 60세 환자의 부분틀니의 파절된 고리를 수리하는 경우
② 치아 착색물을 제거하기 위해 치석제거를 실시하는 경우
③ 근관치료 완료한 치아에 지르코니아 크라운을 제작하는 경우
④ 만 65세 환자가 치과 임플란트를 실시하는 경우
⑤ 단순 코골이 장치를 제작하는 경우

9. 다음 항목 중 비급여 항목으로 옳은 것은?

① 교정 치료 중 사랑니가 아파서 발치한 경우
② 인레이 치료 전 오래된 아말감 제거 및 치아우식을 제거한 경우
③ 외상으로 인하여 치조골 내에서 완전탈구된 치아를 치조골 내로 원위치시키는 경우
④ 치주염으로 인해 동요도가 있는 치아를 레진으로 고정한 경우
⑤ 만5세 환자의 64번 치아에 광중합복합레진을 충전한 경우

10. 다음 중 진찰료 산정 구분이 다른 것은?

① 타 치과에서 발수 후 우리 치과에 내원하여 근관세척을 실시한 경우
② 4월 11일 48번 치아 발치 후 4월 12일 48번 치아 Dressing을 실시한 경우
③ 5월 16일 17번 치아 아말감 충전 후 6월 3일에 26번 치아 아말감 충전한 경우
④ 단순 치수염으로 25번 치아 신경치료 중 동통으로 인해 60일 만에 재내원한 경우
⑤ 3월 25일 36번 치아에 ZOE 충전을 하고, 4월 10일 내원하여 36번 치아의 ZOE를 제거하고 아말감 충전을 실시한 경우

11. 진료 당일 우식 상아질 제거와 와동형성을 완료했으나, 우식이 깊어 치아를 진정시킬 목적으로 임시충전재로 충전 후 예후 관찰을 하는 진료행위는?

① 보통처치 ② 치수절단
③ 치아진정처치 ④ 충전
⑤ 기본진찰료

12. 초 · 재진 산정으로 옳게 연결한 것은?

① 타 치과 발치 10일 후, 우리 치과에서 발사(Stitch-Out)한 경우 : 초진
② 2개월 전 치석제거 후 치주소파술을 한 경우 : 초진
③ 근관치료 완료 2개월 후 재근관치료를 한 경우 : 재진
④ 발수 3개월 후 근관세척을 이어서 시행한 경우 : 초진
⑤ 본원에서 아말감 충전 30일 후 충전물 연마 시행한 경우 : 초진

13. 방사선 촬영의 산정기준에 대한 설명 중 가장 적절한 것은?

① 만 6세 미만의 파노라마 촬영 시 20% 가산 적용된다.
② 치근단촬영은 동일부위 최대 6매까지 가능하다.
③ 교익촬영은 설측에 필름을 위치시킨 후 상 · 하악을 교합시킨 상태에서 촬영한다.
④ 파노라마 일반과 특수 촬영을 동시에 시행한 경우 파노라마 특수 촬영에 대해서만 인정된다.
⑤ 치근단촬영은 같은 날 동일부위에 동일목적으로 촬영할 경우 촬영 횟수만큼 산정 가능하다.

14. 파노라마 촬영 산정 기준으로 옳지 않은 것은?

① 구내 촬영이 불가능한 경우
② 48번 치아 치관주위염으로 촬영한 경우
③ 외상의 진단을 목적으로 촬영한 경우
④ 치주질환 정도를 관찰할 목적으로 촬영한 경우
⑤ 매복치의 매복정도를 확인하기 위해 촬영한 경우

15. Cone Beam CT 촬영을 산정할 수 없는 경우는?

① 48번 매복치가 파노라마상에서 하치조관과 치근이 겹쳐 보여, 발치 위험도가 높은 경우
② 36번 치아 통상적인 신경치료 중 비정상적으로 계속적인 동통을 호소하는 경우
③ 35번 치아 치근단절제술을 요하는 경우로, 파노라마 상 이공 부위에 병소가 위치하여 해부학적으로 위험한 상태로 정확한 진단이 필요한 경우
④ 2치관 크기 이상의 치근낭이 존재하는 경우
⑤ 측두하악관절 부위의 강직과 감별진단을 요하는 심한 임상적 개구제한의 경우

16. 마취료에 대한 설명으로 옳은 것은?

① 구성항목은 마취료 + 약제료 + 외래관리료이다.
② 표면마취는 치과침윤마취로 산정 가능하다.
③ 유치 진료 시 침윤마취만 산정 가능하다.
④ 만 1세 이상 ~ 6세 미만의 소아 진료의 마취 시 마취료 소정점수의 20%가 가산 적용된다.
⑤ 치과 침윤마취와 전달마취를 동일부위에 마취한 경우 주된 마취인 전달마취만 산정 가능하다.

17. 다음 진료내용 중 마취에 대한 산정으로 옳은 것은?

> 대상자 : 33세 건강보험가입자
> C.C 오른쪽 아래 어금니가 너무 아파요.
> Tx. 46번 치아 - 도포마취 & 하치조신경전달마취, 1 리도카인
> 침윤마취, 1 리도카인 (마취 잘 안되서)
> 응급근관처치 및 Cotton만 삽입

① 도포마취 1회, 하치조신경전달마취 1회, 침윤마취 1회, 리도카인 2개
② 하치조신경전달마취 1회, 침윤마취 1회, 리도카인 2개
③ 하치조신경전달마취 1회, 리도카인 1개
④ 하치조신경전달마취 1회, 리도카인 2개
⑤ 침윤마취 2회, 리도카인 1개

18. 투약 및 처방료에 관한 내용으로 옳지 않은 것은?

① 저함량 배수처방조제는 지향한다.
② 교부번호는 약국과 일치하여야 한다.
③ 일률적인 고가약의 처방은 지양한다.
④ 항생제, 소화제 등의 일률적 처방은 지양한다.
⑤ 비급여 진료 시에는 처방전도 비급여로 발행하여야 한다.

19. 동일한 상병에 장기간 같은 처방을 해온 환자가 재내원이 어려워 보호자가 대신 방문하여 처방전을 발급받은 경우, 진찰료 산정으로 옳은 것은?

① 초진진찰료 50%
② 초진진찰료 100%
③ 재진진찰료 50%
④ 재진진찰료 100%
⑤ 진찰료 산정 불가

20. 치석제거 후 치근활택술을 포함한 치주소파술 이상의 단계적 치주치료의 상병명으로 가장 적절하지 않은 것은?

① 만성 단순 치주염
② 동이 없는 잇몸기원의 치주농양
③ 만성 복합 치주염
④ 기타 명시된 만성 치주염
⑤ 만성 치관 주위염

21. 다음 중 지각과민처치 행위에 대한 적절한 상병으로 모두 고른 것은?

가. K03.18 치아의 기타 명시된 마모
나. K2.8 기타 치아 우식
다. K03.80 민감성 상아질
라. K06.00 국소적 치은 퇴축
마. K04.00 가역적 치수염
바. K04.4 치수 기원의 급성근단치주염

① 가, 나, 다
② 가, 나, 라
③ 가, 나, 마
④ 가, 다, 라
⑤ 다, 라, 마

22. 다음 상병명과 처치의 연결로 가장 적절하지 않은 것은?

① Z29.8 [기타 명시된 예방적 조치] → 치면열구전색
② K04.4 [치수기원의 급성 근단치주염] → 응급근관처치
③ S02.53 [치수 침범이 없는 치관파절] → 치아 파절편 제거
④ K08.81 [불규칙한 치조돌기] → 발치와재소파술
⑤ K04.01 [비가역적 치수염] → 발수

23. 다음 중 요양급여 청구단위가 올바르지 않은 것은?

① 치수강 개방 – 근관 당 산정
② 응급근관처치 – 치아 당 산정
③ 근관 내 기존 충전물 제거 – 근관 당 산정
④ 당일발수근충 – 근관 당 산정
⑤ 발수 – 근관 당 산정

24. 다음 중 아말감 즉일충전처치 후 1개월 이내에 아말감을 제거하고 재시행을 하게 된 경우 산정 기준으로 옳은 것은?

① 수복물제거간단 50%, 와동형성료 50%, 충전료 50%, 재료대 50%
② 수복물제거간단 50%, 즉일충전처치 50%, 충전료 50%, 재료대 100%
③ 수복물제거간단 100%, 와동형성료 50%, 충전료 50%, 재료대 100%
④ 수복물제거간단 100%, 와동형성료 100%, 충전료 100%, 재료대 100%
⑤ 수복물제거간단 100%, 즉일충전처치 100%, 충전료 100%, 재료대 100%

25. 다음 지각과민처치에 대한 설명이다. 지각과민처치(가), (나)에 들어갈 횟수로 올바른 것은?

34 · 35 · 36번 치아	Gluma로 지각과민처치 (가)
44 · 45 · 46번 치아	SE-bond로 지각과민처치 (나)

① (가) – 3, (나) – 3
② (가) – 2, (나) – 1.2
③ (가) – 3. (나) – 1.4
④ (가) – 1.4, (나) – 3
⑤ (가) – 1.4, (나) – 1.4

26. 러버댐 장착이 산정 가능한 진료행위를 모두 고른 것은?

가. 응급근관처치
나. 글래스아이오노머 충전
다. 보통처치
라. 치면열구전색술
마. 당일발수근충
바. 근관세척

① 가, 나, 다 ② 가, 나, 라 ③ 가, 나, 마 ④ 가, 다, 라 ⑤ 나, 마, 바

27. 다음 중 광중합형복합레진과 치면열구전색술에 대한 내용으로 옳지 않은 것은?

① 광중합형복합레진충전 대상은 만 5세 이상 ~ 12세 이하 아동이다.
② 근관치료 후 시행한 광중합형레진충전 산정 가능하다.
③ 광중합형복합레진충전은 1일 최대 4치까지 산정 가능하다.
④ 교합면이 순수건전치아인 경우 치면열구전색술 산정 가능하다.
⑤ 동일치아에 광중합형복합레진과 치면열구전색술을 동시에 시행하는 경우 광중합형복합레진 100%, 치면열구전색술 50%로 산정 가능하다.

28. 다음 진료내용의 산정기준으로 옳은 것은?

> C.C 윗니 어금니가 충치가 생겼는지 씹을 때마다 불편해요.
> Tx. 16번 치아 Caries removal – Infilt. anesth. 리도카인 2 ct.
> Pulpotomy & Amalgam filling (DO)

① 아말감 충전처치와 치수절단을 동시 시행한 경우 치수절단만 산정한다.
② 아말감 즉일충전처치와 치수절단을 동시 시행한 경우 즉일충전처치만 산정한다.
③ 아말감 충전처치와 치아진정처치를 동시 시행한 경우 치아진정처치만 산정한다.
④ 치수절단 100%, 보통처치 100%로 각각 산정한다.
⑤ 치수절단 100%, 충전처치 100%로 각각 산정한다.

29. 다음 중 보통처치로 산정할 수 없는 경우는?

① 치수절단 후 FC change를 시행한 경우
② 발수를 완료하기 전 치수의 일부를 제거한 경우
③ 이미 형성된 와동에 약제나 재료로 임시충전만 한 경우
④ 근관치료 시 Caviton 이나 ZOE가 탈락해 임시충전 시행한 경우
⑤ 치근단 농양으로 급성증상을 호소해 치수강을 응급으로 개방한 경우

30. 근관치료 행위 중 유치와 영구치의 수가가 구분된 행위는?

① 근관성형 ② 근관확대 ③ 근관충전
④ 발수 ⑤ 당일발수근충

31. 근관치료 과정 중 함께 산정할 수 없는 항목으로 연결된 것은?

① 발수 + 근관와동형성 + 근관장측정검사
② 근관세척 + 근관확대 + 근관성형 + 근관장측정검사
③ 근관확대 + 근관성형 + 근관장측정검사 + 근관충전
④ 근관세척 + 근관장측정검사 + 근관충전
⑤ 근관내기존충전물제거 + 근관와동형성 + 근관세척

32. 다음 근관치료 청구항목 중 횟수 산정에 대해 바르게 설명한 것은?

① 발수는 발수가 완료된 당일 치아 당 1회만 산정 가능하다.
② 근관장측정검사는 여러 회 시행하여도 치료기간 중 1회만 산정 가능하다.
③ 근관확대 시 사용하는 Ni-Ti file은 근관확대와 함께 근관당 산정 가능하다.
④ 근관성형은 근관확대와 함께 근관 당 1회까지 인정한다.
⑤ 근관세척은 최대 5회까지 인정하나 근관상태에 따라 내역설명 후 추가 산정할 수 있다.

33. 12번 치아 근관충전 후 Post & Crown까지 끝마쳤으나 지속적인 동통을 호소해 결국 3주 만에 재근관치료를 시작하였다. 이 때 제거한 진료행위에 대한 산정내용으로 옳은 것은?

① 치관수복물 또는 보철물의 제거(간단) 100% + 금속재 포스트 제거 50% + 근관내기존충전물제거 100%
② 치관수복물 또는 보철물의 제거(복잡) 100% + 금속재 포스트 제거 100% + 근관내기존충전물제거 50%
③ 치관수복물 또는 보철물의 제거(간단) 50% + 금속재 포스트 제거 50% + 근관내기존충전물제거 100%
④ 치관수복물 또는 보철물의 제거(복잡) 50% + 금속재 포스트 제거 100% + 근관내기존충전물제거 50%
⑤ 치관수복물 또는 보철물의 제거(복잡) 50% + 금속재 포스트 제거 50% + 근관내기존충전물제거 100%

34. [보기]의 가, 나, 다에 산정 가능한 진료행위를 옳게 연결된 것은?

[보기]
가. 인레이 탈락 및 2차 우식으로 치료를 권유하였으나 환자 사정으로 임시충전만 시행
나. Caries removal 후 경과 관찰을 위해 IRM 충전
다. Caries removal 도중 일부 치수 노출되어 Dycal base 후 G.I 충전

① 가 - 보통처치, 나 - 보통처치, 다 - 치수복조
② 가 - 보통처치, 나 - 치아진정처치, 다 - 치수복조
③ 가 - 보통처치, 나 - 치아진정처치, 다 - 치수절단
④ 가 - 보통처치, 나 - 치아진정처치, 다 - G.I 충전처치
⑤ 가 - 보통처치, 나 - 치아진정처치, 다 - G.I 즉일충전처치

35. 다음 중 발치 산정 기준에 대한 설명으로 가장 적절한 것은?

① 잔존치근 발치는 모두 난발치에 해당된다.
② 잇몸 절개 후 발치한 경우는 복잡 매복발치에 해당된다.
③ 복잡매복 발치 시 X-ray 촬영은 선택적으로 해도 된다.
④ 매복되어 있는 구치를 치아 분리술 시행한 경우 난발치에 해당된다.
⑤ 치관 2/3 이상 치조골 내에 매복되어 있어 치아분리술과 골삭제를 동반한 경우는 완전매복발치에 해당된다.

36. 같은 날 동일부위에 2가지의 진료행위가 병행되는 경우 산정 기준이 다른 하나는?

① 난발치 + 치조골성형수술
② 발치 + 구강내소염수술
③ 완전매복치발치 + 치조골성형수술
④ 발치 + 치은판절제술
⑤ 수술후처치 + 치주치료후처치

37. 다음 중 봉합사를 별도로 산정할 수 있는 진료행위는?

가. 치주소파술	나. 치조골성형수술
다. 치아재식술	라. 구강내소염수술(나)

① 가, 나 ② 가, 다 ③ 나, 라 ④ 나, 다 ⑤ 다, 라

38. 구강내소염수술에 관한 설명으로 가장 적절하지 않은 것은?

① 치조농양 또는 구개농양의 절개는 구강내소염수술(가)로 산정한다.
② 14~17번 치아, 44~47번 치아 동시에 시행 시 구강내소염수술 1.5로 산정한다.
③ 발치와 구강내소염수술 동시에 시행 시 발치만 산정한다.
④ 구강내소염수술 시행 후 Dressing은 수술후처치(가)로 산정한다.
⑤ 상병명은 [K05.20 동이 없는 잇몸 기원의 치주농양]으로도 산정할 수 있다.

39. 치주염으로 동요도가 심한 12 · 11 · 21 · 22번 치아를 발거하고 동시에 치조골을 삭제하였다. 산정 가능한 행위와 횟수로 올바르게 연결된 것은?

① 전치 발치 – 2회 , 치조골성형수술 – 4회
② 전치 발치 – 2회 , 치조골성형수술 – 1회
③ 전치 발치 – 4회 , 치조골성형수술 – 1회
④ 전치 발치만 4회 산정한다.
⑤ 치조골성형수술만 4회 산정한다.

40. 치은판절제술의 적응증으로 알맞지 않은 것은?

① 파절된 치아 상방으로 증식된 치은식육제거
② 부분맹출 치아의 우식치료를 위한 치은판 제거
③ 치아 맹출을 위한 개창술
④ 유치의 우식치료를 위한 치은판 제거
⑤ 치주질환의 원인으로 비대한 치은절제

41. 다음 중 [치석제거 나-전악]에 대한 설명으로 옳지 않은 것은?

① 후속 치주치료를 요하는 경우에 산정 가능하며 1/3악당 산정할 수 있다.
② 연간 1회 급여 적용한다.
③ 횟수 초과 시에는 비급여로 적용한다.
④ 치아 착색물질제거, 구강보건 증진차원에서 정기적으로 실시하는 치석제거는 비급여이다.
⑤ 국민건강보험공단 홈페이지에서 치석제거 급여 횟수확인 및 등록 후 보험청구가 가능하다.

42. 다음 치료에 관한 설명 중 보험청구가 가장 적절한 것은?

> 치아가 우식으로 인해 치근부위까지 파절이 심하게 되어 신경치료를 한 후 보철치료를 해야 하는데 임상적 치관의 길이가 짧아 치관길이 확보를 위해 마취하에 부분적으로 보철치료에 좋지 못한 조직을 제거하고 판막을 형성과 동시에 bur를 이용하여 치조골도 삭제를 하였다.

① 치은절제술로 청구한다.
② 후처치는 치주치료후처치 (가)로 청구한다.
③ 상병명은 치은비대로 적용한다.
④ Bur의 재료비는 따로 청구한다.
⑤ 봉합사 사용 시 산정 가능하다.

43. 치주치료의 산정기준에 대한 설명으로 옳은 것은?

① 치석제거(가. 1/3악당)와 치근활택술을 동일부위 동시 시행 시 높은 수가 100%, 낮은 수가 50% 산정한다.
② 치근활택술은 반드시 국소마취하에 시행해야 한다.
③ 치주소파술의 경우 급성 또는 만성 치은염에서 산정 가능하다.
④ 1/3악 내에서 1~2개 치아에 시행한 치석제거(가)는 소정점수의 50%로 산정 가능하다.
⑤ 치주소파술 시 1/3악 내에서 1~2개 치아에 시행한 치주낭측정검사는 50%로 산정 가능하다.

44. 다음 진료기록부를 읽고 5/9일 청구할 수 있는 진료 행위는?

<table>
<tr><td colspan="3">수진자</td><td>김보험</td><td>주민번호</td><td>830821-1111111</td></tr>
<tr><td colspan="3">증번호</td><td>11048141243</td><td>보험구분</td><td>건강보험가입자</td></tr>
<tr><td rowspan="4">4/06</td><td>7 –</td><td>– 7</td><td colspan="3">C.C 잇몸에서 피가 나고 안 좋은 것 같아요.</td></tr>
<tr><td>7 –</td><td>– 7</td><td colspan="3">Tx. Panorama taking(Digital)</td></tr>
<tr><td>7 –</td><td>– 7</td><td colspan="3">Dx. K05.30 [만성단순치주염]</td></tr>
<tr><td>7 –</td><td>– 7</td><td colspan="3">Tx. Scaling(가) Next) 치주치료 예정</td></tr>
<tr><td rowspan="2">4/11</td><td>7 – 4</td><td></td><td colspan="3">Tx. Root Planing</td></tr>
<tr><td></td><td></td><td colspan="3">Infilt. Anesth. Lido 1 ct.</td></tr>
<tr><td rowspan="4">5/2</td><td>7 – 4</td><td></td><td colspan="3">Dx. K05.31 [만성복합치주염]</td></tr>
<tr><td></td><td></td><td colspan="3">Tx. Flap Operation(골성형+골삭제)</td></tr>
<tr><td></td><td></td><td colspan="3">Probing, Suture (아이리, 4-0)</td></tr>
<tr><td></td><td></td><td colspan="3">Block. Anesth. Lido 2 ct.</td></tr>
<tr><td rowspan="2">5/9</td><td>7 – 4</td><td></td><td colspan="3" rowspan="2">Tx. Dressing & Stitch-out</td></tr>
<tr><td></td><td></td></tr>
</table>

① 보통처치
② 수술후처치 (단순)
③ 치주치료후처치 (가)
④ 치주치료후처치 (나)
⑤ 대수술 후 처치

45. 잠간고정술에 대한 설명으로 옳지 않은 것은?

① 3치 이하, 4치 이상으로 구분된다.
② 고정장치를 제거하는 경우 치주치료후처치로 산정한다.
③ 교합조정술과 함께 동시에 시행한 경우 잠간고정술 100%, 교합조정 50% 산정 가능하다.
④ 치아 동요나 탈구에 Wire와 레진 혹은 레진만으로 고정을 하는 경우 산정 가능하다.
⑤ 치아의 불완전탈구나 치주질환에 이환된 동요치의 고정이 필요한 경우 산정 가능하다.

46. 계속가공의치의 보철물 제거 및 보철물 재부착에 대한 산정 횟수로 옳은 것은?

(=표시는 pontic-인공치임)

① 4=6 : 보철물 제거(복잡) 3
② 3=5=7 : 보철물 재부착 2

③ 3=1==3 : 보철물 제거(복잡) 4
④ 3===7 : 보철물 제거(복잡) 5
⑤ 2==2 : 보철물 재부착 3

47. 다음 보기 중 보철물 재부착에 대한 설명으로 옳은 것은?

① 타 치과에서 제작한 임시치아가 탈락하여 임시접착제로 재부착한 경우 산정 가능하다.
② 영구 장착된 보철물이 탈락되어 재부착할 경우 산정 가능하다.
③ 사용한 재료대는 별도로 산정 가능하다.
④ Bridge를 재부착하는 경우 지대치와 Pontic 모두 산정 가능하다.
⑤ 타 치과에서 제작한 보철물의 경우 비급여로 산정 가능하다.

48. 급여 임플란트의 보험적용에 대한 설명으로 적절한 것은?

① 1~3단계 급여 임플란트는 [Z46.3 치과보철 장치의 부착 및 조정] 상병으로 적용한다.
② 상악골을 관통하여 관골에 식립하는 경우만 급여 임플란트 적용할 수 있다.
③ 맞춤 지대주(Custom Abutment)는 급여 산정 가능하다.
④ 필요한 경우에 골 이식술 및 상악동 거상술을 실시하였다면 별도 비급여로 적용할 수 있다.
⑤ 최종보철물이 지르코니아 크라운으로 제작 시 급여 산정 가능하다.

49. 다음 중 급여 틀니 무상 및 유상유지관리에 대한 설명으로 옳지 않은 것은?

① 만 65세 이상의 틀니 장착자에 적용한다.
② 유상유지관리 처치 시 진찰료, 치료재료 및 약제는 별도 산정하지 아니한다.
③ 본원에서 제작한 틀니 장착자만 무상 및 유상유지관리를 급여로 받을 수 있다.
④ 무상 수리는 틀니를 제작한 요양기관에서만 가능하다.
⑤ 유지관리 행위 항목별 적용 횟수를 초과한 경우에는 요양급여비용 전액을 환자 본인이 부담한다.

50. 다음 부분 틀니 유지관리 행위 중 연간 인정 횟수가 다른 것은?

① 첨상 (직접법)　② 첨상 (간접법)　③ 교합조정 (복잡)
④ 개상　⑤ 의치상 조정

2회 기출문제 정답

☞ 요양급여 산정기준의 변화로 시험 보는 시기에 따라 문제의 정답이 달라질 수 있음을 알려드립니다.

번호	1	2	3	4	5	6	7	8	9	10
답	④	⑤	②	④	①	④	③	④	⑤	①
번호	11	12	13	14	15	16	17	18	19	20
답	③	①	③	②	④	⑤	④	①	③	②
번호	21	22	23	24	25	26	27	28	29	30
답	④	④	①	③	③	⑤	②	⑤	⑤	⑤
번호	31	32	33	34	35	36	37	38	39	40
답	④	⑤	②	⑤	⑤	①	③	①	①	⑤
번호	41	42	43	44	45	46	47	48	49	50
답	①	⑤	④	④	②	①	②	④	③	⑤

References

· 보건복지부 웹사이트 www.mohw.go.kr / 훈령/예규/고시/지침
· 건강보험심사평가원 www.hira.or.kr / 제도 · 정책, 본인부담기준
· 국민건강보험공단 www.nhis.or.kr / 급여틀니 및 치과임플란트